Christine Hochreiter

Glücksorte
in
Niederösterreich

Fahr hin & werd glücklich

Dieses
Glücksbuch
ist für

Liebe Glücksuchende,

Niederösterreich ist Österreichs größtes Bundesland. Im konkreten Fall bedeutet Größe auch maximales Glück. Ich habe selten eine Region bereist, die so viel Abwechslung zu bieten hat. Die Donau, das Wald-, Wein- und Mostviertel, der Wienerwald und die Wiener Alpen sind eine riesige Schatztruhe voller Glücksgelegenheiten – in der Natur, in puncto Kultur und Kulinarik. Berge, sanfte Hügelland-schaften, Moore und Flüsse, Burgen, Schlösser, Klöster und jede Menge Museen und Manufakturen; Birnen, Marillen, Dirndl, Mohn und natürlich Wein. Es gibt unendlich viel zu entdecken.

Doch es sind vor allem Begegnungen mit Menschen, die den Charakter einer Region sichtbar machen. Da wären ein Mostbauer, der ein unglaubliches Museum geschaffen hat, eine Wachauerin, die einem alten Stoffmuster neues Leben einhaucht, eine Globetrotterin, die das Familienschloss ihres Mannes wach geküsst hat, ein Kräuter-pfarrer, eine ehemalige Journalistin, die Craft Beer braut.

Gerne nehme ich Sie mit auf meine Reise hin zum Glück!

Ihre Christine Hochreiter

GLÜCK

Deine Glücksorte ...

...noch mehr Glück für dich

Laberl und Marillenbrot

1 Die Bäckerei Schmidl in Dürnstein

Jeden Morgen riecht es im romantischen Donau-Ort Dürnstein einfach köstlich. Dann wabert ein Duft von frischem Brot, Gebäck, Gewürzen und feinen Mehlspeisen durch die historische Altstadt. Er kommt aus der Bäckerei Schmidl, wo täglich frisch gebacken wird. Den Betrieb gibt es schon seit 1870. Barbara Schmidl leitet die Bäckerei & Konditorei in der achten Generation.

Und sie hütet ein Geheimnis: das Originalrezept des Wachauer Laberls. Ihr Urgroßvater Rudolf Schmidl hat es 1905 entwickelt und es wurde nur innerhalb der Familie weitergegeben. Doch wofür steht die Bäckerei? „Wir setzen auf Handarbeit, Regionalität und Qualität", sagt die Chefin. Wer besonders gute Salzstangerl, Flesserl, Vintschgerl und natürlich Laberl herstellen möchte, der braucht Zeit. Im Hause Schmidl nimmt man sie sich. Daher dürfen die Teige bis zu 20 Stunden gehen, damit sich das Aroma voll entfalten kann. Schmidl: „Das bedeutet eine bessere Bekömmlichkeit, längere Haltbarkeit und dass die Produkte saftiger sind." Die Zutaten (wenn möglich aus kleinbäuerlicher Landwirtschaft) stammen aus der Gegend: das unbehandelte Mehl aus einer oberösterreichischen noch handwerklich arbeitenden Mühle, Mohn und Kümmel von Waldviertler Bauern.

Apropos Laberl: Die sind so etwas wie die Wachauer Variante des französischen Baguettes. Und das kam so: Der Bruder von Rudolf Schmidl kam bei einer Frankreichreise auf den Geschmack und wollte so eine Art Baguette (außen knusprig, innen weich) auch daheim essen. In der Bäckerei machte man sich an die Arbeit. Das Resultat war das Wachauer Laberl, das unter Barbara Schmidls Ägide an der Unterseite mit einem S gekennzeichnet wird. Schließlich soll man sehen, dass es sich dabei um das Original aus dem Hause Schmidl handelt!

In Dürnstein gibt man sich aber längst nicht mit tradierten Rezepten zufrieden, sondern kreiert mit Leidenschaft immer wieder neue Produkte wie beispielsweise das Marillenbrot. Aus einem saftigen Weizenteig, getrockneten Aprikosenstücken und mit Haselnüssen wurde es zu einem Liebling der Kundschaft.

....

● Bäckerei & Konditorei Schmidl, Dürnstein 21, 3601 Dürnstein, Tel. +43 (27 11) 2 24
www.schmidl-wachau.at

In Kunst schwimmen

2 Das Arnulf Rainer Museum in Baden

Einst war der historische Festsaal des Arnulf Rainer Museums gesellschaftlicher Treffpunkt von Badens Kurgästen und Prominenz. Heute wird er immer wieder zu einem Ort angeregter Gespräche. Man kann ihn für Veranstaltungen mieten. Und zu bestimmten Terminen am Samstagmorgen wird ins ehemalige Vestibül des Frauenbades zur Yogastunde geladen. Nicht nur aufgrund der speziellen Atmosphäre ist das Museum weltweit einzigartig. Es verbindet die klassizistische Architektur eines ehemaligen Badehauses mit zeitgenössischer Kunst. Jährlich werden zwei verschiedene Ausstellungen gezeigt. Die eine ist Arnulf Rainer gewidmet, der 1929 in Baden geboren wurde. Die andere beleuchtet dessen Kunst im Dialog mit Zeitgenossen.

Das Museum begeistert nicht nur Kunstfans, sondern fasziniert auch alle, die sich für die Geschichte der Kurstadt Baden interessieren. Unter dem Hochaltar einer 1260 erbauten gotischen Kirche entsprang die sogenannte Frauenquelle, die dem alten Bad gleich neben der Kirche ihren Namen gab. Beim großen Stadtbrand 1812 ging das Frauenbad in Flammen auf. Der französische Architekt Charles de Moreau konzipierte den Neubau, der 1821 eröffnet wurde, mit acht dorischen Säulen als Blickfang draußen und viel Marmor drinnen. 1973 wurde der Badebetrieb eingestellt. Das Gebäude wurde umgebaut und zum Ausstellungshaus der Stadt Baden umgewidmet. 2009 öffnete schließlich das Arnulf Rainer Museum die Pforten. Rainers Leitsatz „Neues aus Altem schaffen" wurde baulich umgesetzt, wobei das Gebäude in seiner Substanz unangetastet blieb.

Das Ergebnis bringt nicht nur den Charme der ehemaligen Bäder zur Geltung, sondern entspricht auch den Anforderungen eines modernen Museumsbaus. Die ungewöhnliche Kunstpräsentation – etwa in den früheren Umkleidekabinen, die eine intensive Einzelbetrachtung der Bilder ermöglicht – lässt niemanden kalt. In einen Raum, der als Badebecken diente, wurde ein Steg gebaut. Er ist so etwas wie ein Sprungbrett in eine aufregende Kunstwelt hinein.

TIPP

Exklusive Einzelführungen mit individuellen Schwerpunkten.

● Arnulf Rainer Museum, Josefsplatz 5, 2500 Baden bei Wien,
Tel. +13 (22 52) 20 91 96, www.arnulf-rainer-museum.at

Ein wahres Honiglecken

3 Das Melarium in Klosterneuburg

Lust auf ein süßes Schleuder-Event? Mit Autofahren hat das allerdings überhaupt nichts zu tun. In Klosterneuburg kann man selbst Honig ernten und schleudern – und bei den passionierten Imkern Roland Berger und Wolfgang Schmidt die spannende Welt der Bienen (neu) entdecken. Das bedeutet Honiglecken im konkreten und übertragenen Sinn. Was dabei passiert? Mit den Profis öffnen die Teilnehmer einen Bienenstock und holen ein paar Honigwaben heraus. Behutsam nehmen sie die dünne Wachsschicht ab, mit der die Bienen den reifen Honig verschlossen haben. Die Waben, von denen der Honig tropft, landen in der Honigschleuder. Und dann wird gekurbelt, bis der Honig fließt – und man sich die eigene Ration abfüllen kann. Nach getaner Arbeit gibt es eine Bienenjause.

Apis-Z, das Demeter-zertifizierte Imkerei-Unternehmen von Berger und Schmidt, hat sich einer naturnahen „wesensgemäßen" Bienenhaltung verschrieben – „ohne Plastik und Gift". Die Produkte der derzeit rund 180 Bienenvölker werden schonend gewonnen und verarbeitet. Dabei geht es nicht um eine möglichst hohe Ausbeute. Berger: „Im Vordergrund steht das natürliche Leben der Bienen und nicht der Ertrag." Der promovierte Biologe Berger beschäftigt sich überdies schon lange intensiv mit der Heilkraft naturreiner, hochwertiger Bienenprodukte wie auch Propolis, Blütenpollen oder Gelee Royale. Im Bienenpavillon des Melariums (so nannten die alten Römer ein Bienenhaus) können Menschen mit Atemwegsproblemen zu bestimmten Zeiten im Sommer wohltuende Bienenstockluft inhalieren.

In den drei wunderschönen Gewölberäumen kann man natürlich Honig kaufen, aber auch Bienenwachskerzen, Met, Honigweinessig, Oxymel (Sauerhonig, ein natürliches Stärkungsmittel aus Essig und Honig) in verschiedenen Variationen. Hier finden darüber hinaus Vorträge, Kurse, Workshops, Konzerte und Ausstellungen statt – meist zu Themen rund um die Biene. Die Palette reicht von der Honigmassage über Gesundheitsküche mit Bienenprodukten bis hin zur Einführung in die Apitherapie.

● Melarium von Apis-Z, Wasserzeile 13, 3400 Klosterneuburg,
Tel. +43 (6 99) 12 56 46 05, www.apis-z.at
● ÖPNV: Bahnhof Kierling (2 Minuten zu Fuß)

Handgefertigter Klang

4 Die Bösendorfer-Manufaktur in Wiener Neustadt

An virtuosen Künstlern, die nur auf diesen Klavieren und Flügeln spielen möchten, mangelt es wahrlich nicht: 1846 gab Franz Liszt das erste Konzert auf einem Bösendorfer. Das Instrument hielt seiner äußerst kraftvollen Spielweise stand und er machte das Unternehmen über Nacht bekannt. Der Komponist und Pianist blieb dem Klavierbauer ein Leben lang verbunden. Auch Nicht-Klassiker wie Jazz-Pianist Oscar Petersen, Lionel Richie, Tori Amos, Konstantin Wecker oder Peter Gabriel sind Bösendorfer-Fans.

Dem Geheimnis des besonders warmen, einzigartigen Klangs kann man sich bei einer der seltenen Führungen in Wiener Neustadt nähern, wo die Manufaktur seit mehr als 50 Jahren beheimatet ist. Bösendorfer wurde 1828 in Wien gegründet und ist damit die älteste Klavierschmiede im Premiumsegment. Pro Jahr werden rund 300 Instrumente in einem äußerst aufwendigen Produktionsprozess von Hand mit großer Hingabe und Präzision gefertigt. Die Basis für jeden Bösendorfer ist auf natürlichem Wege getrocknetes Fichtenklangholz. Das Unternehmen verwendet über 80 Prozent Fichtenresonanzholz für den Bau eines Instruments. Alle Basssaiten werden selbst von Hand gesponnen. Manufaktur bedeutet, dass (fast) alles möglich gemacht wird, was sich die Kundschaft wünscht. Ob edles Furnier oder die Lieblingsfarbe, mit Initialen oder auch mit einer persönlichen Widmung. Der Besitzer einer Alligatorenfarm soll sich sogar einmal einen Flügel mit Krokodilleder-Oberfläche bestellt haben.

Im Schauraum können die Kunden aus aller Welt die Flügelmodelle und Klaviere unter perfekten Konzertsaal-Bedingungen ausprobieren. Ein- bis zweimal im Jahr wird dieser Saal für Konzerte freigeräumt. Weil die Akustik so gut ist, finden hier auch immer wieder professionelle Musikaufnahmen statt. Ein Glücksfall für die ganze Region und ein Highlight im Neustädter Kulturleben ist jedes Jahr das Bösendorfer Festival. Es findet in den Kasematten statt und bietet ein hochkarätiges Programm mit Publikumslieblingen und aufstrebenden Talenten.

● Bösendorfer Klavierfabrik, Gymelsdorfer Gasse 42, 2700 Wiener Neustadt, Tel. +43 (26 22) 27 55 00, www.boesendorfer.com

Offene Türen

5

Das Kapuzinerkloster Wiener Neustadt

Wer den Innenhofgarten des Kapuzinerklosters Wiener Neustadt betritt, dem geht das Herz auf. Auf einer holzumzäunten Koppel nähern sich zwei freundliche Esel. Die Stuten heißen Franzi und Clara und erinnern an den tierlieben Ordensgründer Franz von Assisi. Es gibt sogar eine Kindereisenbahn, die am Wochenende in Betrieb ist – genauso wie ein Sommer-Café. Der Garten (ein Bruder kümmert sich um die Nutzpflanzen) befindet sich im Südwesten des Klosters und endet an den Kasematten der ehemaligen Stadtmauer. Von hier aus hat man einen wunderbaren Blick auf den schönen Arkadengang mit seinen toskanischen Säulen.

Das heutige Eselstallgebäude wurde vor 1820 an den Brüderturm und die Stadtmauer angebaut. Da diese anhand der Mauertechnik der Zeit der Stadtgründung zugewiesen werden können, gehen die ältesten Teile des Gebäudes auf die Zeit um 1200, das Zeitalter der Romanik, zurück.

TIPP

Im Rahmen einer Führung geht es in die Klosterbibliothek und auf den Dachboden.

Seit 1623 leben und arbeiten die Kapuziner in Wiener Neustadt. Anlässlich der Landesausstellung 2019 wollten die Brüder mit ihrem Garten einen beschaulichen Ort zum Verweilen schaffen. Es wurden standorttypische Schwarzföhren, Asperln (Mispeln), Quitten und Vereinsdechantsbirnen gepflanzt, Franzi und Clara bezogen ihr klösterliches Quartier. Marek Krol, Delegat der Kapuzinerdelegation Wien, erzählt: „Mit der Haltung von Eseln wollen wir auch den Bezug zur Bibel, etwa den Einzug von Jesus Christus in Jerusalem auf einem Esel am Palmsonntag herstellen."

Im Kloster herrscht das Prinzip der offenen Türen. Bruder Matthias Reich zufolge legen die Kapuziner großen Wert auf den Austausch mit den Menschen. Neben der offenen Gartentür gibt es auch im Haus viel Raum für Begegnungen. Spätestens wenn man klingelt, um sich zur Beichte zu melden oder in den kleinen Klosterladen eingelassen zu werden. Außer traditionellen Devotionalien wie Kreuzen oder Rosenkränzen sind Produkte der Krakauer Partnerprovinz erhältlich: Seifen, Cremes, Salben mit Kapuzinertropfen und Propolis oder Magenbitter.

⬤ Kapuzinerkloster, Bahngasse 23 a, 2700 Wiener Neustadt, Tel. +43 (26 22) 2 32 03
www.wr.neustadt.kapuziner.at
⬤ ÖPNV: Hauptbahnhof Wiener Neustadt

Balsam KAPUCYŃSKI

Kapu...
SZAMP...
DO W...

MANUFAKTURA KAPUCYNÓW

Balsam KAPUCYŃSKI

Kapucyńskie
...YDŁO W PŁYNI...

MANUFAKTURA KAPUCYNÓW
Mydło
KAPUCYŃSKIE
...sam Kapucyńskim
... propolisem

Krem Kapucyński

Seife mit Kapuziner Tropfen und Propolis

Die wesentlichen Inhaltsstoffe der Seife entstammen natürlichen Ursprungs. Dazu gehören: Pflanzenspäne und Propolis sowie der Zusatz von Kapuziner Tropfen, einem Extrakt aus Kräutern und Harzen. ...ie Seife wäscht schonend, mildert ...ritationen und unterstützt die ...Regeneration der Haut. ...schenkt die Seife der Haut eine ...Farbe und ihren Glanz wieder. ...lle Hauttypen geeignet.

Kapu...

Die Kap...
eine idea...
und ges...
Durch den Zusa...
einem Extrakt a...
mildert die Crem...
die natürliche Re...
den Z...
Die Creme besi...
zieht schnell ein. ...
der Haut die ge...
bringt s...

4,–

5,–

5,–

Creme für Gesicht und Körper
mit Kapuziner Tropfen und Propolis

Knödel in flüssiger Form

6

Die Marillenlounge in Krems an der Donau

„(Fast) Alles Marille" lautet das Motto bei Bailoni. Das Unternehmen steht für ein riesiges Sortiment an Produkten mit Aprikose. Die heißt in der Wachau bekanntlich Marille und gedeiht hier aufgrund idealer klimatischer Bedingungen sowie des Lössbodens besonders prächtig. Im Stammhaus in Krems-Stein werden bereits seit 1872 Marillen destilliert und verarbeitet. Der Familienbetrieb mit 14 Mitarbeitern und rund 1500 Marillenbäumen entwickelte sich zu einem der größten Produzenten in der Region. Verwendet werden ausschließlich rollende Früchte, die der Baum von selbst fallen lässt und die von Hand aufgelesen werden. Ein Markenzeichen des Unternehmens ist die bauchige Boxbeutel-Flasche.

Die Produktpalette hat sich im Laufe der Zeit stetig erweitert und kann in der Marillenlounge im Steiner Tor begutachtet werden. Im Shop & Café (zur Frucht passend natürlich mit orangeroten Sesseln) kann man glückselig süße Spezialitäten kosten und genießen: Marillengolatschen, -punschkrapfen, -kuchen, -croissants, -palatschinken, -tiramisu und sich dazu Getränkevariationen wie Marillenspritzer, -Radler oder -Frizzante servieren lassen. Marillenknödel gibt es immer. Sie sind hier der absolute Renner.

Unternehmerin Claudia Bailoni möchte „junge Ideen mit bewährten Traditionen vereinen". Das geschichtsträchtige Steiner Tor, das letzte noch erhaltene Stadttor von Krems, bietet die perfekte Kulisse für Gold-Marillenlikör, -schnaps, -schokolade, Riserva Brand, „den ersten flüssigen Marillenknödel" als Cremelikör, Marille mit Promille (in Likör und Brand eingelegte Aprikosenhälften), Likör mit Chili-Extrakten oder auch die jüngste Kreation Marillenlikör-Perlen (zum Verfeinern beziehungsweise Garnieren von Sekt, Desserts oder Käseplatten). Die Bailonis versuchen das Thema Marille immer wieder neu zu interpretieren und zeigen, wie man die Produkte der Ersten Wachauer Marillen-Destillerie für raffinierte Getränke und Speisen verwenden kann. In einer Ecke gibt es auch Prozentiges mit Zwetschge, Williamsbirne oder Kirsche.

● Marillenlounge, Schwedengasse 2, 3500 Krems an der Donau,
Tel. +43 (6 64) 73 35 66 65, www.bailoni.at
● OPNV: Bahnhof Krems (10 Minuten zu Fuß)

Klingendes Museum

7

Das Beethovenhaus in Baden

Dem Meister würde es vermutlich gefallen: das Museum, das seinen Namen trägt und einen auf irgendwie selig machende Weise in seine Welt entführt. Wie vieles andere Sehenswerte in Baden verbindet das Beethovenhaus Historie mit einer zeitgemäßen Präsentation. Der Musiker und Komponist kurte hier regelmäßig. Er besuchte die Bäder und trank Schwefelwasser – in der Hoffnung auf Linderung seiner Leiden. In den Sommermonaten 1821, 1822 und 1823 wohnte „Ludwig van Beethoven, Tonsetzer" – wie es in der Kurliste dieser Jahre heißt, in der Rathausgasse 10, dem heutigen Beethovenhaus. Und komponierte wesentliche Teile seiner Neunten Symphonie. Außerdem entstanden wichtige Passagen der Eroica, der Missa solemnis und der Pastorale.

Im Museum werden nicht nur Beethovens Leben und Schaffen dokumentiert, sondern seine Musik wird zum Erklingen gebracht – etwa in einem eigenen Raum mit Hörbeispielen. Im ersten Stock befinden sich die ehemaligen Wohnräume mit Originalwandmalereien: Vorraum, Schlaf- und Arbeitszimmer. Die Aufenthalte in Baden boten Beethoven die Gelegenheit, Verwandte, Freunde und Bekannte zu treffen. Bisweilen wurde in diesem Haus auch aufgetischt. Im Museum wurde eine Tafel gedeckt – mit Tischkarten und Informationen zu den geladenen Gästen wie Anton Schindler, dem Sekretär, oder der Klavierfabrikantin Nannette Streicher. Auf dem Hammerklavier Nr. 184 soll der berühmte Kurgast mehrmals gespielt haben. Nach einer aufwendigen Restaurierung wird es heute wieder bei Konzerten genutzt. Besonders berühren Ausschnitte aus Briefen, die Beethoven in der Rathausgasse geschrieben hat.

Im Erd- und Untergeschoss werden seine Musik, insbesondere die Neunte Symphonie, sowie die Geheimnisse des Hörens von Musik thematisiert. Ein eigener Raum ist dem vierten Satz gewidmet, der Grundlage der Europahymne. Man kann ihn nicht nur hören, sondern auch sehen und lesen. Die Besucher lernen überdies, was es bedeutet, – wie Beethoven – zu ertauben und zunehmend auf das innere Ohr angewiesen zu sein.

TIPP

Kinderprogramm „Hört Beethoven!?" jeden 1. Samstag im Monat.

....

● Beethovenhaus, Rathausgasse 10, 2500 Baden bei Wien,
Tel. +43 (22 52) 86 80 06 30, www.beethovenhaus-baden.at
● ÖPNV: Bahnhof Baden (10 Minuten zu Fuß)

Pilze aus dem Kuhstall

8 Der Hadahof in Gresten züchtet Austernseitlinge

Am Anfang hat so mancher im Umfeld des jungen Lehrer-Ehepaars den Kopf geschüttelt. „Was, ihr wollt jetzt Schwammerl züchten?" Das haben Daniela und Harald Bogenreiter so oder ähnlich öfter gehört. Von ihren Plänen ließen sie sich dennoch nicht abbringen. Nach der Übernahme des Hofs in Gresten-Land von Danielas Eltern verkauften sie die Rinder und bauten den Kuhstall zu einer Zuchtanlage für Bio-Austernseitlinge um. Von der Substratproduktion, dem Anbau, der Ernte bis zur Verpackung und Auslieferung macht das Paar alles selbst – im Nebenerwerb. Denn Pädagogen sind sie beide geblieben. Für die jungen Eltern ist das die ideale Konstellation.

Aber warum gerade Austernseitlinge? Der Pilzzüchter: „Die sind wie große Pfifferlinge. Sie haben einen großen Hut und einen kleinen Stamm, sind von Haus aus nicht sehr geschmacksintensiv. Man kann sie auf viele Arten zubereiten: panieren, schnetzeln, schön scharf anbraten."

Die frischen oder auch getrockneten Kalbfleisch- beziehungsweise Austernpilze kann man im Hofladen kaufen. Wenn man Glück hat, sind die Schwammerlzüchter vor Ort und erklären, wie die Bio-Edelpilz-Produktion auf dem Ha(steht für Harald)Da(Daniela)-Hof funktioniert. Und die beiden haben auch wunderbare Rezepte für die Zubereitung parat. Im Hofladen und im Selbstbedienungsgeschäft an der Bundesstraße B22 wird neben den Austernseitlingen in einer kompostierbaren Schale auch Selbstgemachtes aus Früchten angeboten.

Allen Unkenrufen zum Trotz hat der Schwammerlanbau von Anfang an sehr gut funktioniert. Bis die Austernseitlinge jeweils verkaufsfertig sind, dauert es etwa vier Wochen – vom Mischen des Strohsubstrats mit dem sogenannten Pilzmyzel bis zu dem Zeitpunkt, wo die ersten Pilze geerntet werden können. Saison ist von September bis Juni, dann wird pausiert und die Familie macht vom Fruchtnutzungsrecht der verpachteten Streuobstwiesen Gebrauch. Dann stellt sie unter anderem Apfelsaft, Birnen- und Zwetschgenschnaps, Löwenzahnhonig und -sirup sowie Marmeladen her.

● Hadahof, Unteramt 104, 3264 Gresten, Tel. +43 (6 70) 6 08 38 40
www.hadahof.at

Natürlich flauschig

9

Frottierwaren aus dem Waldviertel

Der Chef bringt auf den Punkt, warum der Aufenthalt in seinem Traditionsbetrieb glücklich macht. Bei Framsohn Frottier im waldreichen Norden Österreichs kann man vor Ort nachvollziehen, wie Produkte, die wir täglich benutzen, hergestellt werden – vom Weben über das Färben bis hin zum Nähen. Denn hier findet der gesamte Prozess vom Faden bis zum fertigen Handtuch noch unter einem Dach statt. In der globalisierten, arbeitsteiligen Textilbranche ist das eine Rarität. Philipp Schulner, der eigentlich einmal Pilot werden wollte, aber dann umsteuerte, führt das Familienunternehmen in vierter Generation. Seit 1908 stellt Framsohn – der Name erinnert an den Firmengründer Franz Amstetter (& Söhne) – hochwertige Textilprodukte her.

In der Anfangszeit war Frottier noch kein Thema. Schulners Urgroßvater versorgte die Bauern in der Umgebung im Winter mit Garnen und akquirierte Aufträge. Damit gab er ihnen die Möglichkeit, durch Weben in der verdienstlosen kalten Jahreszeit etwas dazuzuverdienen. Produziert wurden Geschirrtücher und „andere Glattgewebe". Erst Ende der 1960er-Jahre spezialisierte man sich etwas außerhalb von Heidenreichstein auf hochwertige Frottierwaren. Die Palette reicht vom Waschhandschuh über das Hand- und Bade- sowie Geschirrtuch bis hin zum Saunakilt und der gerauten Decke aus Biobaumwolle.

TIPP

Der Hängende Stein im Naturpark Heidenreichsteiner Moor ist ein ganz spezieller Wackelstein.

Im Waldviertel werden Nachhaltigkeit und Natürlichkeit großgeschrieben. Die Frottierwaren werden durch das einzigartige Urgesteinswasser aus der firmeneigenen Quelle flauschig. Aufgrund der Qualität und Weichheit des Wassers ist es möglich, dieses rein mechanisch und damit schonend aufzubereiten. Dies ist auch die Grundlage für eine entsprechende Färbung der Garne und Stoffe, die so ihre natürliche Weichheit erhalten. Im Rahmen der durchgängigen Qualitätskontrolle können ökologische Parameter direkt gesteuert und optimiert werden. All dies und noch viel mehr rund um einen der letzten Frottierwarenhersteller Österreichs erfährt man am besten bei einer (angemeldeten) Betriebsführung.

● Framsohn Frottier, Kleinpertholz 65, 3860 Heidenreichstein,
Tel. +43 (28 62) 52 45 52 20, www.frahmsohn.at

Spektakuläre Kulisse

 10

Der Shop im Stift Klosterneuburg

Liköre, Marmeladen, Seifen, Tees, Kräuterelixiere – in vielen größeren und kleineren Abteien werden Produkte auch heute noch handwerklich und nach tradierten Rezepten hergestellt. Für Leute, die solche Spezialitäten schätzen, sind Klosterläden ein Eldorado. Dies gilt insbesondere für den Stiftsshop in Klosterneuburg. Der beglückt nicht nur durch sein riesiges Angebot, sondern durch den Raum an sich. Wobei die Bezeichnung Raum untertrieben ist. Die Kulisse für Weine, Schokolade mit Stiftswein, Honigerzeugnisse, Postkarten, Heiligenfiguren, Bücher und Co. ist die Sala terrena, der Riesensaal – quasi eine barocke Baustelle.

Nach dem Tod von Kaiser Karl VI. im Jahr 1740 hatten die Augustiner Chorherren den ambitionierten Ausbau des Stiftes nach dem Vorbild des Escorial bei Madrid gestoppt. Übrig blieben ein unvollendeter Saal mit acht tragenden, 2,5 Meter hohen Atlanten-Skulpturen und ein nacktes Ziegelmauerwerk. Über lange Zeit hinweg wurde der Raum als Lager für Weinkartons genutzt, nachdem man eine hölzerne Zwischendecke eingezogen hatte. Erst 2005 wurde die Sala in ihren ursprünglichen Zustand versetzt, dient heute als imposanter Besucherempfang – und eben als Shop. Verlässt man die Sala terrena in Richtung Gartenanlagen, bietet sich ein spektakulärer Blick auf Wien.

TIPP

Einmal im Monat kann man beim Waldbaden in die Stiftswälder eintauchen.

Apropos Wein: Das Stift Klosterneuburg setzt als ältestes Weingut Österreichs die Tradition des Weinbaus fort. Schon bei der Grundsteinlegung für die Stiftskirche 1114 soll den Gästen eigener Rebensaft kredenzt worden sein. Die Weine können in der Vinothek verkostet und vor Ort erworben werden. Mit einer Rebfläche von 108 Hektar zählt das Weingut zu den größten und renommiertesten Österreichs – mit einer breiten Produktpalette vom Grünen Veltliner, Riesling, Gelben Muskateller über Samos-Messwein bis hin zu Klostersekt. Wer lieber auf Alkohol verzichtet, hat zwischen verschiedenen sortenreinen Apfelsäften die Wahl. Es gibt aber auch feinen Erdbeer- und Marillennektar oder nullprozentigen Apfelsecco.

● Stift Klosterneuburg, Stiftsplatz 1, 3400 Klosterneuburg, Tel. +43 (22 43) 41 12 12
www.stift-klosterneuburg.at
● ÖPNV: Haltestelle Klosterneuburg-Kierling oder Klosterneuburg Stiftsgarten

Kindheitsglück

11 ## Die Schaumrollenmanufaktur in Marbach

Eine Blätterteigrolle mit schneeweißer Füllung, in die man lustvoll beißt und den Inhalt mit schaumverklebtem Gesicht lächelnd genießt – dieses sinnliche Erlebnis zählt für viele zu beglückenden Kindheitserinnerungen. In Marbach an der Donau kann man es sich in die Gegenwart holen. Die Konditorei Braun hat sich seit Jahrzehnten auf das süße Gebäck spezialisiert, füllt es wahlweise „normal" mit Eischnee, Schlagobers, Vanille- oder Schokocreme, auf persönlichen Wunsch aber auch individuell ganz anders. Um die mehrmals täglich gebackenen Produkte der Schaumrollenmanufaktur zu genießen, kommen die Kenner von weit her. Denn man sagt, es sollen die besten weit und breit sein.

TIPP

In Melk am Rathausplatz gibt es eine charmante Braun-Filiale.

Barbara Braun stellt in Handarbeit den Blätterteig in fünfter Generation nach dem (Geheim-)Rezept des Urgroßvaters her, der die Manufaktur 1912 gegründet hat. Der Teig wird aufwendig mit hochwertigen Zutaten ohne Zucker sowie auch ohne Konservierungsmittel und Zusatzstoffe hergestellt, ruht anderthalb Tage, wird dann um eine Formrolle gewickelt, knusprig gebacken und anschließend gefüllt. Die Konditorin bedient das ganze Repertoire der österreichischen Süßspeisenklassiker von der Cremeschnitte mit Vanillecremefüllung über das Punschkrapferl bis hin zur Sachertorte. Außerdem ist sie Spezialistin für Hochzeitstorten. Der Renner sind ihre Schaumrollen. Für besondere Anlässe gibt es als Blickfang auch extragroße Exemplare, die aus 14 kleineren Rollen zusammengesetzt sind.

Der Clou in Marbach ist die Art, wie man das süße Gebäck verzehren kann. Zum Konditorei-Café gehört gleich gegenüber ein eigener Holzsteg direkt an der Donau, auf dem man sich einen Strandkorb mieten kann – zum Frühstücken, halb- oder ganztags. Dazu gibt es ein Genusspaket. Die Schaumrollen dürfen da natürlich nicht fehlen. Am besten mundet das zart-süße Gebäck, wenn es ganz frisch ist. Dafür gibt es kaum einen schöneren Ort als einen fröhlich gestreiften Strandkorb samt ausgeklapptem Tischlein mit Blick auf das Wasser.

● Café-Konditorei Braun, Marktstraße 20, 3671 Marbach an der Donau, Tel. +43 (74 13) 2 03, www.schaumrollenmanufaktur.myshopify.com
● ÖPNV: Haltestelle Marbach an der Donau, Volksschule

Unterirdisches Glück

Die Kasematten in Wiener Neustadt

Wer Wiener Neustadt als Teil von Wien verortet, hat sich verfahren. Denn: Mit fast 48.000 Einwohnern ist die Stadt nach St. Pölten die zweitgrößte Niederösterreichs und liegt etwa 50 Kilometer südlich von Wien. 1192 hatte der Babenberger Herzog Leopold V. beschlossen, inmitten der Ebene des südöstlichen Steinfeldes eine stark befestigte Stadt zu gründen. Im Laufe der Jahrhunderte wurden die Anlagen immer wieder verstärkt. Das Faszinierende: Auch heute noch stößt man überall auf Überreste. Ab Mitte des 16. Jahrhunderts wurden an der südwestlichen Stadtmauer die Kasematten errichtet – zur Lagerung von Waffen und Munition. Dabei handelt es sich um bis zu 8 Meter hohe unterirdische Gewölbe, die im Laufe der Zeit unterschiedlich genutzt wurden und schließlich in einen Dornröschenschlaf fielen.

TIPP

Die Terrasse des Cafés Tscherte in den Kasematten.

Seit einigen Jahren ist die einzigartige Anlage ein Hotspot der Stadt. Wie das kam? Für die Landesausstellung 2019 wurde das Areal revitalisiert und teilweise freigelegt. Das Ergebnis ist ein preisgekröntes Baujuwel. An den Bestand aus der Renaissance-Zeit wurden das Welcome-Center und die 2000 Quadratmeter große Neue Bastei angebaut – ein architektonischer Kontrast zum alten Festungsbau. Die Kasematten beherbergen die Dauerausstellung Die Stadt als Festung. Bei einer Führung erfährt man nicht nur spannende historische Ereignisse, sondern so manche nette Anekdote – beispielsweise von den Kragenbären, die in einem Gehege im Stadtpark lebten. Bei Mauerwerksanalysen an deren Rückzugsort, dem Südwest-Eckturm, identifizierten Experten tief unter der Erde doch glatt einen großen Fleck als Bärenurin!

In den historischen Kasematten finden Ausstellungen, Konzerte, Kongresse, private Feiern, Firmenevents und Theateraufführungen statt. In der Stadt sind sie der Dreh- und Angelpunkt für Kunst und Kultur und bescheren Einheimischen sowie Gästen Glücksmomente. Diese kann man im Übrigen nicht nur unten erleben, sondern auch ganz oben: Auf der Dachterrasse wird gejazzt, geheiratet und Yoga geübt.

⬤ Kasematten, Bahngasse 27, 2700 Wiener Neustadt, Tel. +43 (26 22) 37 39 33
www.kasematten-wn.at
⬤ ÖPNV: Bahnhof Wiener-Neustadt (5 Minuten zu Fuß)

Hier sprudelt das Glück

13 Der Genuss-Bauernhof in Gigerreith

„Diese Häuser hat der Most gebaut" sagt ein alter Spruch über die prächtigen Vierkanthöfe der Region. Schließlich verhalf das florierende Geschäft mit Apfel- und Birnenmost den Bauern zu relativer Prosperität. Aufgrund des milden Klimas und des guten Bodens gedeiht das Obst besonders gut. In Gigerreith verbirgt sich in einem solchen Hof samt Nebengebäuden das Mostviertler Bauernmuseum. Es ist eine riesige Schatzkiste. So viele akkurat und liebevoll präsentierte Gegenstände, die vom Leben in der Region erzählen! Über 22.000 Exemplare sind es insgesamt. Gesammelt wurden sie von einem Privatmann.

Anton Distelberger senior hatte Anfang der 1970er-Jahre damit begonnen. Es war ihm ein Anliegen, das bäuerliche Alltagsleben zu dokumentieren. Wunderschöne Holztüren, altes Spielzeug, eine handgeschnitzte Mostpresse mit Sprüchen und Symbolen, eine Bauernstube, Knöpfe und Schmuck, Gläser, Gewänder und Taschen, der Musikautomat Polyphon mit 32 Platten von 1880, ein Getreidespeicher (Troadkastn) aus dem Jahr 1599. Dabei soll es sich um die größte volkskundliche Privatsammlung Österreichs handeln. Höhepunkte sind zweifelsohne die Darstellung von 20 verschiedenen Handwerken und die rund 100-jährige Greißlerei „Gemischte Waarenhandlung des Josef Fischer".

TIPP

Beim Heurigen kann man an bestimmten Terminen eine deftige Jause genießen.

Auf dem Hof kann man aber nicht nur lernen und staunen, sondern auch genießen. Inmitten der Genussregion Mostviertler Mostbirn kultiviert und verarbeitet Junior Toni Distelberger alte Wild- und Streuobstsorten. Der „Mostbaron" liebt es, neue Produkte zu entwickeln: Most, Saft, Sekt, Birnencider, Obst- und Fruchtbrände, Essig, Balsamico, Senf und Chutney, Senf-Kaviar, Marmelade und Schokolade. All die feinen Erzeugnisse kann man vor Ort kosten und kaufen. Für Distelberger bedeutet der Ort, an dem er lebt, „ein kleines Stück vom Paradies". Und weil es hier so schön ist, kann man sich das Glück direkt mit nach Hause nehmen. Denn es gibt sogar eine eigene Glückslinie. Dazu gehören Glückssprudel, Glücksstücke und Glücksschluckerl.

....

● Genuss-Bauernhof Distelberger, Gigerreith 39, 3300 Amstetten,
Tel. +43 (74 79) 73 34, www.distelberger.at
● ÖPNV: Bahnhof Amstetten (auf dem Stadtwanderweg 4,5 Kilometer zu Fuß)

Karo aus der Wachau

Die Kalmuck-Manufaktur in Krems an der Donau

Der Aufsteller in der Unteren Landstraße macht neugierig. „Kalmuck-Manufaktur" heißt es da, und wer sich für Stoffe und Bekleidung interessiert, landet unweigerlich etwas abseits bei Brigitta Lipold. Die Quereinsteigerin hätte nicht gedacht, dass sie einmal eine Manufaktur für Kleidung betreibt. Denn eigentlich hat sie Europäische Ethnologie studiert und war lange als Seminarleiterin in der Erwachsenenbildung aktiv – unter anderem als Kreativitätstrainerin. Für eine Veranstaltung nähte sie eines Tages einen Kimono aus Kalmuck-Stoff, der so gut ankam, dass Teilnehmerinnen ein ähnliches Teil haben wollten. Zunächst lehnte sie ab, doch irgendwann nahm alles seinen Lauf.

Die Kremserin befasste sich intensiv mit dem Thema Kalmuck, besorgte die Stoffe und beauftragte eine Schneiderin mit dem Nähen ihrer Entwürfe und Zuschnitte. Zum Klassiker Braun kamen andere Farben hinzu. Besonders Rot hatte es ihr angetan. Aber was ist Kalmuck überhaupt? Angeblich kommt der Begriff von den Kalmücken, einem westmongolischen Volk, das im 17. Jahrhundert an die Wolga ausgewandert war. Es wird erzählt, dass von dort spezielle Karosatteldecken in die Wachau kamen. Die Decken sollen die Weinbauern zu Arbeitsjankern verarbeitet haben. Doch das ist nicht verbürgt. In der Wachau diente das spezielle kleine Karo-Muster jedenfalls in den 1960er-Jahren zur regionalen Identifikation und wurde etwa von Trachtenvereinen verwendet.

Lipold interpretierte die Urform des Kalmuck-Jankers neu. Außerdem entwickelte sie eine Leidenschaft für Stoff- und Musterkombinationen. Das Kalmuck-Karo entführte sie gedanklich nach Schottland und sie begann gepatchte Kleidungsstücke zu entwerfen. Ihr Repertoire reicht von Tascherl, Loops und T-Shirts über Leggings und Hosen bis zu Röcken und Kleidern. Sie sind aus dem kuscheligen normalen Kalmuck gemacht, aber auch aus Viskose-Jersey. Die Niederösterreicherin nennt die Schwester des Kalmuck, die sie als Marke schützen ließ, „Wachaukaro". Außerdem arbeitet sie mit Blaudruck. Das Kreativsein liegt ihr schließlich im Blut.

TIPP

In der Schwarzen Kuchl in der Unteren Landstraße kommen Gulaschspezialitäten auf den Tisch.

● Kalmuck-Manufaktur Liparski, Eisentürgasse 3–5, 3500 Krems an der Donau, Tel. +43 (6 99) 11 53 13 77, www.liparski.at
● OPNV: Bahnhof Krems (7 Minuten zu Fuß)

Die große Welt im Kleinen

15 Wunderkammer des Neuklosters Wiener Neustadt

Der blattgrün umrankte Kreuzgang mit seinem opulenten roten Brunnen ist eine Oase mitten in Wiener Neustadt. Das Neukloster wurde 1444 von Friedrich III. gegründet und ist heute ein Priorat der Zisterzienser in Heiligenkreuz. Sechs Mönche leben und wirken hier. Neben der Stiftskirche, dem Grabmal der Kaiserin Eleonore von Portugal und der wunderschönen barocken Bibliothek empfiehlt sich die Kunst- und Wunderkammer als Ort des kleinen Glücks. Diese zeigt interessante Kunst- und Sakralobjekte, die die große weite Welt überschaubar abbilden sollen. Die Sammlung umfasst rund 4700 Einzelstücke – allein 3500 Steine und Muscheln sowie 200 Gemälde. Der Großteil wurde in der Blütezeit des Klosters in der zweiten Hälfte des 18. Jahrhunderts angeschafft. Die Kunst- und Wunderkammer im ersten Stock ist nicht nur ein wichtiges Dokument des barocken Sammelns im 18. Jahrhundert, sondern auch der Klostergeschichte.

TIPP

Im Bernardisaal des Neuklosters finden Theateraufführungen statt.

Zu bestaunen gibt es beispielsweise eine scheinbar versteinerte Semmel, die um 1860 in der heutigen Wiener Augarten-Porzellanmanufaktur hergestellt wurde, oder auch einen Ruinenmarmorschrank unter einem Porträt von Pater Bernhard Sommer. Letzterer war Hofmeister und einer der bedeutendsten Sammler des Neuklosters. Solche Kabinettschränke dienten quasi als kleine Kunstkammern. Man bewahrte darin Medaillen, Münzen oder Edelsteine auf. Etliche Objekte wie Ölgemälde, Prunkmöbel und Spiegel stammen aus der Zeit, als die Habsburger das Neukloster regelmäßig aufsuchten und in Kaiserzimmern logierten.

Das Naturalienkabinett umfasst Mineralien, verkieselte Hölzer, Kupfer-, Silber- und Golderze, Meeresschnecken und -muscheln sowie Korallen. Zusammengesetzte Objekte aus natürlichen Materialien haben in Kunst- und Wunderkammern eine lange Tradition. Hier sind es etwa Hunde aus Muscheln, Schnecken und Holz. Das Sonnenlicht bricht sich in den 204 Edelsteinen der wertvollen Großen Monstranz von 1733. Weitere Prunkstücke sind ein Pokal aus Rhinozeroshorn und filigrane Elfenbeinschnitzereien auf Bechern und Krügen.

● Stiftspfarre Neukloster, Neuklostergasse 1, 2700 Wiener Neustadt,
Tel. +43 (26 22) 2 31 02 10, www.neukloster.at (Führungen nach Voranmeldung)
● ÖPNV: Wiener Neustadt, Corvinusring

Wohnkomfort im Wald

Die Baumhaus Lodge Schrems

Baumhäuser sind nicht gleich Baumhäuser. Meist handelt es sich dabei um eher rustikale Exemplare ohne großen Komfort. In einem kleinen Waldstück an einem alten Steinbruch am östlichen Stadtrand von Krems – zwischen schroffem Granit, Buchen, Eichen, Kiefern und Fichten sowie geheimnisvollen Gewässern – hat Franz Steiner seine Ideen umgesetzt. Er nennt seine edlen Behausungen, die in Massivholzbauweise mit einer Aluminiumfassade sowie großzügigen Glasfronten und Terrassen errichtet wurden, die „Erwachsenen-Version" von einem Baumhaus. Hier muss man nicht auf Luxus verzichten. Man kann die Häuschen daher auch das ganze Jahr bequem nutzen. In jedem Haus befindet sich ein dezentraler Pellets-Ofen mit Speicher, dessen Temperatur per Fernbedienung gesteuert werden kann. Das heimelig prasselnde Feuer sieht man durch eine Glasscheibe. Inspiriert zu diesem Projekt hat Steiner ein Aufenthalt in Neuseeland, wo er andersartige Baumhäuser gesehen und erlebt hat. Daheim ging es Schlag auf Schlag: Er fand das passende Gelände, einen erfahrenen Architekten. Das Ergebnis ist nicht nur ein Ort, um Kraft zu tanken, sondern moderne Architektur auf Bäumen.

Die Zielgruppe sind Paare, die in Ruhe ausspannen wollen. Das Frühstück samt frischem Gebäck wird ins Haus geliefert; außerdem alles, was man sich gewünscht hat – vom Begrüßungsprosecco bis hin zu regionalen Spezialitäten. Gebucht werden kann sogar ein dreigängiges Dinner. Den Baumhausbewohnern wird es auf keinen Fall langweilig. Sie können unter anderem das Kräuterunternehmen Sonnentor in Sprögnitz besuchen oder die Wasserburg Heidenreichstein, bogenschießen oder sich ein E-Bike mieten.

Die Häuser heißen Haus am Fundament (auf einem alten Kranfundament 5 Meter über dem Boden) oder Haus am Steinbruchteich. Im Haus an der Mauer ist ein Ahorn direkt in die Terrasse integriert. Das Klippenhaus ragt 7 Meter über den alten Steinbruchteich. Im Turmhaus mit drei bewohnbaren Ebenen geht es 18 Meter von der Terrasse hinunter zum Boden.

TIPP

Im Unter-WasserReich des Naturparks Hochmoor Schrems kann man Fischotter beobachten.

● Baumhaus Lodge Schrems, Herrenteichweg, 3943 Schrems,
Tel +43 (6 64) 73 10 06 90, www.baumhaus-lodge.at
● ÖPNV: Bahnhof Pürbach-Schrems, Shuttlebus

Ziegengeist und Urroggen

Die Hopfenspinnerei in Waidhofen an der Thaya

Was für ein Glücksfall! Im beschaulichen Waidhofen am Ufer des Flüsschens Thaya hat Evelyn Bäck den perfekten Platz gefunden, um ihre Passion zu leben. In einer zauberhaften alten Mühle aus dem 14. Jahrhundert braut sie Biobier und lebt hier auch. Bis in die 1990er-Jahre war die Gabler-Mühle noch in Betrieb, dann stand sie leer – bis die gebürtige Mostviertlerin und ihr Lebensgefährte Gwaël Gauthier beschlossen, von St. Pölten ins Waldviertel zu ziehen. Die beiden bauten das historische Ensemble um, bezogen das Müllerhaus und installierten im ehemaligen Magazin eine Brauerei. An dem idyllisch gelegenen Ort verkaufen sie ihr eigenes Craft Beer und schenken dieses aus.

Früher war Bäck Journalistin und PR-Frau, bis sie sich in der Garage mit einem Brau-Starterset erfolgreich an ihrem ersten eigenen Bier versuchte. Sie kam auf den Geschmack und wechselte das Metier. Sie brachte sich das Brauen richtig bei, machte eine Ausbildung zur Biersommelière und gründete die Hopfenspinnerei nahe St. Pölten. Am neuen Standort wird seit Herbst 2021 gebraut – das Waidhofner Schlederwamperl (ein goldgelbes Blond) und der Ziegengeist (ein Altbier), das Urroggen Urgut (ein rustikales Erntebier mit Waldstaudekorn, einer Urvariante von Roggen) und bisweilen Sondersude. Die Sprach- und Bildexpertin Bäck tobt sich auf den bunten Etiketten kreativ aus.

TIPP

Der Thaya-runde-Radweg verläuft großteils auf den ehemaligen Bahntrassen.

Mit ihren Bieren knüpft sie an eine Tradition an: 1924 war Waidhofens letzter Brauereibesitzer Heinrich Ziegengeist verstorben. Die historisch angehauchte Bierspezialität in schimmerndem Rotbraun soll an seine Erste Waldviertler Dampfbrauerei erinnern. In der Mühlenbrauerei werden alle Arbeitsschritte händisch erledigt – vom Abfüllen bis hin zum Etikettieren. Ihre Liebe zum Bier und zur Kunst des möglichst handwerklichen Brauens ohne viel Technik gibt Evelyn Bäck bei Führungen, Brau-Workshops und besonderen Events weiter. Für alle, die Qualitätsprodukte mit einer nachvollziehbaren Herkunft lieben, ist die Hopfenspinnerei wahrlich ein Glücksort.

● Hopfenspinnerei, Mühlgasse 4, 3830 Waidhofen an der Thaya,
Tel. +43 (6 60) 2 00 98 69), www.hopfenspinnerei.at

Draisinen und Velocipede

18 Das Fahrradmuseum in Ybbs an der Donau

Am stilechtesten kommt man mit dem Radl angereist. Wenn man diesen velohistorischen Glücksort in der Nähe des Donauradwegs verlässt und noch kein Zweirad besitzen sollte, dann kauft man sich danach am besten gleich eins. Im Ybbser Fahrradmuseum überträgt sich die Freude am Radfahren schnell auf die Besucher. Rund um hölzerne Laufräder, Sesselräder, Räder, die mit einem Motor betrieben werden, Rennräder, Kinderräder oder spektakuläre Hochräder drehen sich viele Geschichten und Anekdoten. In diesem bewegenden Museum geht man in neun Etappen auf eine kleine Zeitreise durch die rund 200-jährige Kulturgeschichte des Fahrrads.

Irgendwie kurios wirken Damenräder mit einer Art Kissen vorne am Lenker. „Damit die Frauen sich gemütlich anlehnen konnten, wenn

TIPP

Die Ybbsiade ist ein mehrwöchiges Kabarett- und Kulturfestival.

sie miteinander geplauscht haben", erklärt der Museumsführer. Im Übrigen wurden diese Räder eher geschoben als gefahren. Man ging neben ihnen her. Der Erfinder der ersten Laufmaschine 1817 war Karl Drais aus Karlsruhe. Seine Draisine hatte noch keine Pedale. Man musste sich immer wieder mit den Füßen vom Boden abstoßen. 50 Jahre später wurde in Frankreich das Velocipede erfunden. Es hatte Pedale am Vorderrad und war ebenfalls noch ganz aus Holz. Im Fahrradmuseum erfährt man auch, wer den ersten luftgefüllten Reifen erfand. Der irische Tierarzt John Boyd Dunlop war es, den das laute Geklapper, das sein Sohn mit einem eisenbereiften Tretroller verursachte, gestört haben soll. Das Patent meldete er 1888 an.

Im Museum kann man aber nicht nur passiv die vielen Ausstellungsstücke bestaunen, sondern auch selbst aktiv werden – auf einem Hochrad beispielsweise. Mithilfe von schmalen Steighilfen geht es nach oben. Für ein Foto kann man zuvor in historische Klamotten schlüpfen und bekommt die passenden Requisiten dazu. Anders als in anderen Museen ist hier Anfassen und Ausprobieren durchaus erwünscht. Das freut insbesondere auch die jüngsten Besucher. Die Kinderwelt im Keller bringt ihre Fahrradleidenschaft in Schwung.

● Fahrradmuseum Ybbs, Herrengasse 12, 3370 Ybbs, Tel. +43 (74 12) 2 00 98
www.fahrradmuseum.ybbs.at

Uhus und röhrende Hirsche

19 Auf Bootstour im Nationalpark Donau-Auen

Im Prinzip ist er für Naturliebhaber ein einziger großer Glücksort. Doch in dieser Region gibt es ganz viele wunderschöne Plätze, die das Herz höherschlagen lassen. Den Nationalpark Donau-Auen, der sich von Wien bis zur Mündung der March in Niederösterreich erstreckt, erkundet man am besten vom Wasser aus. Die einzigartige Auenlandschaft mit ihrem weitgehend intakten Ökosystem ist der Lebensraum von Europäischen Sumpfschildkröten, Flussregenpfeifern, Donau-Kammmolchen, Hundsfischen, Seeadlern, Eisvögeln und Bibern. Und sie birgt zahlreiche botanische Schätze wie besondere Orchideen. Die hier noch frei fließende Donau ist die Lebensader des Nationalparks und ein Rückzugsort für seltene Arten. In Hochwasserphasen entstehen neue Schotterbänke, reißt der Fluss Steilwände in die Ufer und bringt Nährstoffe in die Au. Sinkt das Wasser wieder, entwickeln sich Flora und Fauna neu.

TIPP

In Humers Uferhaus serviert man Fisch „Auf serbische Art" — eine Delikatesse!

Wer nicht so viel Zeit mitbringt und sich nur einen Überblick verschaffen möchte, kann dies bei einer kleinen Runde durch das Au-Erlebnisgelände bei Schloss Orth tun. Hier befindet sich auch das Informationszentrum. Auf der Schlossinsel werden Lebensräume, Tiere und Pflanzen der Nationalparkregion präsentiert. Eine begehbare Unterwasserstation erlaubt den Blick auf heimische Fische im Schlossteich.

Intensiver in die Welt der Donau-Auen taucht man bei einer geführten Exkursion mit den Rangern ein. Angeboten werden Wanderungen und Bootstouren im Schlauchboot, Kanu oder in einer nachgebauten historischen Tschaike – zum Beispiel in der Nacht zu den röhrenden Hirschen. Besonders reizvoll sind auch Touren zu bestimmten Themen wie ein Besuch bei Waldkauz, Waldohreule und Uhu nach Einbruch der Dämmerung. Die Teilnehmer begeben sich in „warmer, wetterfester und möglichst geräuscharmer Kleidung" samt Stirn- beziehungsweise Taschenlampe auf Spurensuche und lauschen den geheimnisvollen Eulengesängen. Bei der Schlauchbootexpedition Auf der freien Donauwelle stehen Zwischenstopps an Land auf dem Programm.

● Donau-Auen, schlossORTH Nationalpark-Zentrum, Schlossplatz 1, 2304 Orth/Donau, Tel. +43 (22 12) 35 55, www.donauauen.at

Irisierendes Handwerk

 Die Perlmuttmanufaktur in Felling

Was ist das für ein schillernder Ort! In Felling bei Hardegg wird seit 1911 irisierendes Perlmutt verarbeitet – zu Knöpfen, Schmuck und faszinierenden Handwerksstücken oder Spezialanfertigungen für noble Jachten, Luxusjets und Musikinstrumente. Die Familie Mattejka betreibt – mittlerweile in der fünften Generation – Österreichs letzte Perlmutt-manufaktur und tut viel dafür, die alte Handwerkskunst für Besucher erlebbar und attraktiv zu machen. So ist dort der größte Perlmuttknopf der Welt zu bestaunen. Er hat einen Durchmesser von 5,3 Metern. Der Chef treibt Innovationen voran. Er sorgt beispielsweise dafür, dass bei der Produktion keine Abfälle mehr entstehen. Der Perlmuttstaub findet Einsatz in Fassaden und als Dünger in der Landwirtschaft.

Das Rohmaterial Perlmutt stammt von gezüchteten Muscheln und Schnecken aus Indonesien und Australien. Es wird in der Form von Rondellen angeliefert. Als Rudolf Marchart – der Ururgroßvater von Rainer Mattejka – die Firma gründete, stammten die Süßwassermu-scheln noch aus den Flüssen Thaya und March, die im Sommer eine Temperatur von mindestens 20 Grad hatten. Seit dem Bau eines Kraft-werks im nahen Tschechien sind diese aber viel zu kalt. Perlmutt wird aus der innersten Schalenschicht gewonnen und besteht überwiegend aus Calciumcarbonat, einer Art Kalk.

In Felling werden vor allem hochwertige Knöpfe hergestellt, die doppelt so dick und damit stabiler sind als die der asiatischen Konkurrenz. In der Werkhalle kann man den Manufakteuren über die Schulter schauen, nachdem man im „Kino" gesehen hat, wie sich die Fertigung über die Jahrzehnte entwickelt hat. In der Ausstellung ist die gesamte Produkt-palette zu bewundern – von besonderen Münzen bis zu alten Sammel-stücken aus dem 18. und 19. Jahrhundert; außerdem die erste Maschine des Firmengründers.

Die Schmuckboutique ist das Reich von Mattejkas Frau Anita. Sie liebt Silber und alles Zierende, das man mit Perlmutt kreieren kann. Ketten, Ohrringe und vieles mehr fertigt sie auch nach individuellen Wünschen an.

● Perlmuttmanufaktur, Felling 37, 2092 Felling, Tel. +43 (29 16) 20 30
www.perlmutt.at

Mittelalterlicher Klang

21

Die Burgruine Dobra im Waldviertel

Wer sich für alte Gemäuer und geheimnisvolle Geschichten begeistern kann, der hat im Waldviertel jede Menge Gelegenheit dazu. Allein zwölf jahrhundertealte Burgen und Ruinen warten darauf, entdeckt zu werden. Eindrucksvolle Türme, Zugbrücken und finstere Kellergewölbe bringen die Fantasie in Gang und sind eine Bilderbuchkulisse für Märchen von bezaubernden Burgfräulein und stattlichen Prinzen. Die Burgruine Dobra zählt zu den schönsten Ruinen mittelalterlicher Burgen des Kamptales und verzaubert allein schon durch ihre Lage auf der Halbinsel des Dobra-Stausees. Die fast 100 Meter langen Mauern erzählen von weit entfernten Zeiten.

Um den ehemaligen Herrensitz, der 1168 erstmals urkundlich erwähnt wurde, rankt sich manche Sage. So soll auf Dobra ein Goldschatz vergraben sein, der vom Teufel gehütet wird. Der Schatz kann gehoben werden, aber nur von jemandem, der in einer speziellen Wiege lag. Diese muss aus dem Stamm einer Föhre, die auf dem Bergfried wuchs, gezimmert sein. Doch der Teufel hat den Baum entwurzelt, und nun muss man warten, bis dort wieder eine Föhre gewachsen ist …

TIPP

Der Verein bietet nach Voranmeldung Führungen an.

Im 14. Jahrhundert befand sich die Burg Dobra im Besitz der Kuenringer von Weitra-Seefeld. Danach wechselte sie häufig ihre Besitzerfamilien. Heute gehört die Ruine der Windhag Stipendienstiftung. Der Verein Pölla Aktiv hat sie gepachtet und behutsam restauriert. Zunächst wurde der Bergfried als Aussichtsturm begehbar gemacht. Danach wurden unter anderem die Kellergebäude sowie die Brücke zwischen der Haupt- und der Vorburg saniert.

Die Burgruine ist der perfekte Ort für Glücksmomente. Allein der Ausblick vom Bergfried über den Stausee und die waldreiche, fast mystisch anmutende Landschaft macht froh. Außerdem kann man hier stilvoll und ganz besonders feiern: in einem modernen Festsaal mit überdachter Terrasse. Im Sommer findet hier ein einzigartiges Festival statt: der Klangraum Dobra. Dann werden die Musik und Literatur des frühen Mittelalters lang eindrucksvoll zelebriert.

● Burgruine Dobra, 3594 Franzen, www.ruine-dobra.at

Da ist Liebe drin

22 Der Herzensladen in Petronell-Carnuntum

Mit ihrem Herzensladen – und den Produkten, die sie dort anbietet – hat Madlen Lesch ihr Hobby zum Beruf gemacht. Wer das Reich der Niederösterreicherin betritt, für den öffnet sich die Tür zu einem Idyll. Gleich beim Eingang trocknen Lavendel- und Kräutersträuße. Und je weiter man sich auf dem lang gezogenen Grundstück nach hinten bewegt, umso intensiver taucht man in ein Naturparadies ein. Vor einem wunderschönen Seerosenteich steht ein Tisch mit Bänken. An diesem heißen Sommertag dürfen die Gäste selbst gemachte Sirupvariationen kosten: Zitronenmelisse, Löwenzahn, Lärche, Veilchen, Lavendel, Colakraut oder Mandelblüten. Eine aromatische Alternative zu Wasser pur. Die junge Frau experimentiert gerne mit Geschmäckern.

An diesem schönen Ort fühlen sich auch Schafe, Hasen, Wachteln, Hühner und Tauben wohl und es wachsen nahezu alle Früchte, die man kennt: Äpfel, Birnen, Marillen, Kirschen, Quitten, Mispeln, Pfirsiche und, und, und. Den Grundstein haben die Großeltern mit vielen Obstbäumen und schier unzähligen Gemüsesorten gelegt, die sie Jahr für Jahr mit viel Liebe gesät, gehegt, geerntet und verarbeitet haben. Madlen verbrachte schon als Kind viel Zeit in diesem üppigen Gartenland. Es war für sie „irgendwie ein Kraftplatz". Frisches Obst und Gemüse waren eine Selbstverständlichkeit. Später arbeitete sie als Kindergartenpädagogin und heiratete. Auch für ihren Mann ist dieser Platz eine Herzensangelegenheit und der Lebensmittelpunkt geworden. Inzwischen ist Lesch Mutter, hat ihren Job aufgegeben und kümmert sich mit der Familie um alles, was hier lebt, grünt und blüht.

In dem kleinen Geschäft verkauft sie nur eigene Produkte wie Eier, Obst und Gemüse, Saft, Mus, Kompott, Kräutersalz, Marmelade und eingelegtes Gemüse. Ihre Spezialität sind Kriecherlprodukte (aus kleinen Pflaumen) und eingelegte Bärlauchknospen. Viele Kunden wissen gerne, wo das, was sie zu sich nehmen, wächst und produziert wird. Und die Kinder lieben es, wenn sie die Hasen streicheln, die Hühner und den krähenden Hahn besuchen dürfen. Sie kennen sie alle beim Namen.

● Herzensladen, Heideweg 3, 2404 Petronell-Carnuntum, Tel. +43 (6 50) 3 30 66 68
www.herzensladen.at

Atelier to go

Im Egon Schiele Museum in Tulln an der Donau

Er wurde nur 28 Jahre alt: Am 31. Oktober 1918 verstarb der Maler Egon Schiele in Wien an der Spanischen Grippe. Er hat in seinem kurzen Leben rund 3000 Kunstwerke geschaffen. Der gebürtige Tullner verbrachte bereits in seiner Kindheit und Jugend jede freie Minute mit Malen und Zeichnen. Die Motive fand er vorwiegend rund um den Bahnhof, wo sein Vater Stationsvorstand der k. u. k. Staatsbahnen war. In Wien wurde Schiele schließlich neben Gustav Klimt und Oskar Kokoschka zu einer der prägendsten und schillerndsten Figuren der Wiener Moderne.

In seiner Geburtsstadt wurde Tullns berühmtestem Sohn im ehemaligen Bezirksgefängnis an der Donaulände ein eigenes Museum eingerichtet. Das Tolle daran: Hier kann man sich nicht nur mit Schieles Person und seinen frühen Werken befassen, sondern zu bestimmten Terminen selbst aktiv werden. Dafür wurde im Dachgeschoss eigens ein Atelier eingerichtet. Es ist für Kreative jeden Alters und natürlich auch für Kinder ein inspirierender Ort, an dem sie sich künstlerisch ausprobieren können: beim Basteln, Zeichnen und Malen. Die Anleitungen gibt es als Rundumpaket zum Mitnehmen. Die Palette reicht von der Lokomotive aus Eierkartons bis hin zu Kratzbildern. Das Atelier to go Kids beinhaltet unter anderem Pinsel, Wassermalfarben, einen Skizzenblock, ein Maltuch und Egon-Schiele-Impulskarten. Das ganze Paket gibt es auch für Erwachsene. Doch zuvor hat man die Gelegenheit, Egon Schiele privat kennenzulernen – im Erdgeschoss quasi in Wohnzimmeratmosphäre. In der sogenannten Schatzkammer – einer ehemaligen Gefängniszelle – werden weniger bekannte Werke ausgestellt, die sein Leben aus unterschiedlichen Blickwinkeln beleuchten. Im Stiegenhaus trifft man die wichtigsten Menschen des Künstlers in Form von animierten Bildern und Audio-Porträts. Im Obergeschoss erzählen fünf audiovisuelle Stationen über sein Leben. Die stilechte Anreise zum Museum erfolgt am besten per Zug über den Bahnhof, wo man sein Geburtshaus besuchen und über den Egon Schiele Weg zum Museum spazieren kann.

TIPP

Das Schiele Museum liegt direkt am Donau-radweg.

● Egon Schiele Museum, Donaulände 28, 3430 Tulln, Tel. +43 (22 72) 6 45 70
www.schielemuseum.at

Wilde Einfachheit

24 Die Naturgärten des Steinschalerhofs

Es gibt Plätze, zu denen zieht es einen, als ob ein unsichtbarer Magnet seine Wirkkraft entfalten würde. Die sieben Teiche des Steinschalerhofs sind so ein Ort. Naturbelassenes Grün, fluoreszierende Libellen, Baumstämme, die von Bibern bearbeitet wurden, tauchende Enten, Hechte und Karpfen, Froschgequake und viele Möglichkeiten, sich hinzusetzen. Tief durchatmen, einfach nur da sein – wie lange hat man sich dafür keine Zeit genommen? Die Wasserbiotope sind nicht allein beruhigende Rückzugsorte für erholungsbedürftige Menschen, sondern darüber hinaus eine Wohltat für Flora und Fauna. Die Teiche liegen etwas abseits des Hotels, doch auch hier kann man im Teichhaus oder der Teichbrücke übernachten (und tagen). Der Steinschaler Teich ist das größte Biotop. Die Familie Weiss hat im Dirndltal etwas ganz Besonderes geschaffen

TIPP

Im Steinschalerhof sind Hunde willkommen.

beziehungsweise sprießen lassen: Aus einem jahrhundertealten Mostviertler Vierkanthof wurde in fünfter Generation ein riesiges Naturidyll entwickelt. Der Bauernhof wurde behutsam renoviert und Schritt für Schritt erweitert. Inhaber und Wirt Hans Weiß – man sieht ihn nicht ohne seine geliebte Lederhose – lebt das Thema Biodiversität aus vollster Überzeugung und mit einem beachtlichen Hintergrundwissen.

Was hier unter dem Motto „Wilde Einfachheit" wächst (geschätzt sind es etwa 1000 Pflanzenarten, darunter auch selten gewordene Sorten wie Alant oder Schildampfer sowie alte Apfel- und Birnensorten), gedeiht quasi von selbst und wird nicht durch Eingriffe von außen korrigiert. Man verzichtet auf chemische Spritzmittel und mineralische Düngung. Das Ergebnis sind Lebensmittel von besonders hoher Qualität. Die Speisen werden mit Wildkräutern aus den eigenen Gärten gekocht und verfeinert. Diesmal kommt im Wirtshaus ein Salat mit Phlox und Georginen genannten essbaren Blüten auf den Tisch. Dazu werden Brennnesselknödel mit Eierschwammerl serviert. All die wundervollen eigenen Marmeladenkreationen gibt es zum Frühstück oder im Hofladen – außerdem Chutneys, Kräutersalze und vieles Köstliche mehr.

● Naturhotel Steinschalerhof, Warth 20, 3203 Rabenstein, Tel. +43 (27 22) 22 81
www.steinschaler.at
● ÖPNV: Bahnhof Steinschal-Tradigist (2 Minuten zu Fuß)

Kostbare rote Fäden

25

Die Safranmanufaktur in Dürnstein

Wie heißt es in einem bekannten Kinderlied: „Backe, backe, Kuchen … Safran macht den Kuchen gehl!" Und in der Tat ist das gelbgoldfärbende kostbare Gewürz viel zu schade, um es nur für Paella oder Risotto zu verwenden. Der Ökologe und Botaniker Bernhard Kaar hat es sich zur Aufgabe gemacht, dem Safran in unseren Breitengraden wieder zu mehr Popularität zu verhelfen. Schuld daran ist eine Entdeckung in der Stiftsbibliothek Melk: ein Buch aus dem Jahre 1797 mit dem Titel „Praktischer Unterricht den niederösterreichischen Safran zu bauen". Damit fing alles an: Kaar ließ nach einer 100-jährigen Pause die Tradition des Safrananbaus wieder aufleben. Nach ersten Versuchen auf 100 Quadratmetern bewirtschaftet sein Familienbetrieb inzwischen mit 45.000 Quadratmetern das größte Safranfeld Mitteleuropas. Im Herbst werden die blasslila Blüten der Safrankrokusse per Hand geerntet, die leuchtend roten Stempelfäden im Blütenkelch gezogen und dann getrocknet.

TIPP

Die Dauerausstellung Entdeckung des Wertvollen im barocken Stift Dürnstein.

2012 kaufte Kaar mit seiner Ehefrau Alexandra den historischen Bahnhof von Dürnstein und restaurierte ihn. 90 Prozent der Ernte werden zu kulinarischen Köstlichkeiten wie Safrantagliatelle, Safran-Mandel-Likör oder Safranhonig veredelt und vor Ort an Gourmet-Touristen vermarktet. Der Niederösterreicher entwickelt mit Passion immer wieder neue Produkte. An der Safran-Schokolade tüftelte er allein 5 Jahre, bis er mit der Kombination aus dunkler Rotwein- und goldgelber Safran-Ganache zufrieden war.

Ein großes Anliegen ist dem Safranexperten aber die Vermittlung all des Wissens, das er sich im Laufe der Zeit rund um die Kulturpflanze angeeignet hat. Dazu veranstaltet er im ehemaligen Wartesaal Seminare für Schüler, Touristen, Gartenbauvereine, Betriebe, Senioren und alle, die sich dafür interessieren, wie man den frostharten Safran selbst anbaut (es gibt Starterpakete), welche Qualitäten es gibt und was man beim Kochen beachten muss. Wer will, kann Safranknollen zum Eigenanbau erwerben. Nach der Veranstaltung kann man im Safrancafé alle möglichen Mehlspeisen sowie Getränke mit Safran genießen.

....

● Safranmanufaktur, Dürnstein 76, 3601 Dürnstein, Tel. +43 (6 76) 3 32 21 16
www.wachauer-safran.at
● ÖPNV: Bahnhof Dürnstein-Oberloiben oder per Schiff

Zu jeder Zeit ein Gedicht

Der Schlosspark Laxenburg

Etwa 6 Kilometer südlich der Landesgrenze zum Bundesland Wien befindet sich einer der schönsten Landschaftsparks in Niederösterreich. Der Schlosspark Laxenburg ist zu jeder Jahreszeit ein Gedicht. Er ist riesig – mit 280 Hektar die größte österreichische Schlossanlage – und vor allem unter der Woche ein Refugium für Naturliebhaber und Ruhesuchende. Die Anlage gilt als eines der bedeutendsten Denkmäler historischer Gartenkunst im 18. und 19. Jahrhundert. Vom Pförtnerhäuschen aus kann man promenieren oder mit einem kleinen Bummelzug bis zur Fährstation der Franzensburg fahren. Doch am besten erkundet man den zauberhaften Landschaftspark mit seinen Waldstücken, Wiesen, Wasserläufen, eindrucksvollen Baumgruppen und dem verspielten Wegesystem zu Fuß und lässt sich einfach treiben. Auch wenn es nicht so aussieht, bei der Planung wurde nichts dem Zufall überlassen. Die Wege verlaufen nicht wie in einem geometrischen Garten geradlinig, sondern in weich geschwungenen Formen. Sie passen sich dem Gelände an.

TIPP

Bei schönem Wetter täglich die Führung „Auf den Hohen Turm und über die Dächer".

Die Keimzelle der Anlage ist das Alte Schloss, das 1306 in den Besitz der kaiserlichen Familie Habsburg kam. Den Park suchten die Habsburger jedes Jahr zur Erholung auf. Sie nutzten das ganze Areal als Jagdrevier. Ab 1763 entstand das Neue Schloss, der Blaue Hof. Unter Kaiser Franz II./I. begann man mit der Umgestaltung zu einem englischen Landschaftsgarten mit allen Facetten des romantischen Historismus wie einer Grotte, einem Turnierplatz, einer Gebirgslandschaft und als majestätischer Krönung der Franzensburg auf einer Insel inmitten des 25 Hektar großen Schlossteichs. Die Insel ist Richtung Süden durch eine Eisenbrücke mit dem Festland verbunden. In Richtung Norden besteht eine Fährverbindung. Im Winter gibt es eine Pontonbrücke.

Die Highlights entlang des etwa 10 Kilometer langen Wegenetzes sind zum Teil jahrhundertealte Bäume und zahlreiche Sehenswürdigkeiten wie der Concordiatempel, der Hofeiskeller, ein alter Taubenschlag oder eine Kolossalbüste von Kaiser Franz I.

● Schloss Laxenburg, Johannesplatz 2/4/1, 2361 Laxenburg, Tel. +43 (22 36) 7 12 26
www.schloss-laxenburg.at
● ÖPNV: Franz-Josephs-Platz (3 Minuten zu Fuß)

Eine Kirsche mit Kick

27 Die Dirndlmanufaktur Fuxsteiner in Kirchberg

Dirndl sind ihre Leidenschaft. Nicht Trachtengewänder für Damen, sondern rote, pralle süß-säuerliche kleine Früchte, aus denen man so viele köstliche Dinge fabrizieren kann: Marmelade, Schokolade, Sirup, Chutney, Essig, Edelbrand oder Likör. Die Familie Fuxsteiner betreibt in Kirchberg an der Pielach die erste Dirndlmanufaktur. Sie verarbeitet die Kornelkirsche, die auch Gelber Hartriegel genannt wird – eine alte Wildfrucht, der positive Auswirkungen auf die Gesundheit nachgesagt werden. Der Vitamin-C-Gehalt ist laut Josef Fuxsteiner dreimal so hoch wie der von Zitronen und der Verzehr der bekömmlichen Dirndl soll überdies die Verdauung fördern.

Der Dirndl-Strauch hat seine Hochzeit im Frühjahr, wenn er in einer ansonsten noch kahlen Landschaft in strahlendem Gelb erblüht. Im Spätsommer reifen die Früchte heran. Erst dann, wenn sie sich vom Baum lösen, sind sie reif und schmackhaft. Die Wildsträucher der Fuxsteiners sind mindestens 200 Jahre alt. Die beiden, die die Besucher des Hofladens begrüßen, haben über 500 Jahre auf dem Buckel. Im Laufe der Zeit hat die Familie die Produktpalette (und auch das Raumangebot) erweitert.

„Dirndl brauchen Aufklärung", sagt der Chef. Daher bietet die Familie regelmäßig Führungen an. Dabei erfährt man unter anderem, wie (klima-)robust und einzigartig der Kornelstrauch ist. Was die Familie daraus macht, kann man nach einer kleinen Filmvorführung kosten. Die Fuxsteiners haben sich mit der Verarbeitung der Dirndl gut in einer Nische eingerichtet. Für die Familie ist die feuerrote Frucht der Berge nicht einfach eine Kirsche, sondern gibt irgendwie einen Kick. Alle packen mit an, jeder hat seinen Aufgabenbereich. Josef junior (Landwirt, Edelbrandspezialist und Imkermeister) bewirtschaftet mit seiner Frau Melanie – der ersten Pielachtaler Dirndlkönigin und Edelbrand-Sommelière – sowie den Söhnen Samuel und Benjamin den elterlichen Hof. Oma Rosa überliefert alte Dirndl-Rezepte an die junge Generation, die sie in zeitgemäße Delikatessen verwandelt.

● Dirndltaler Dirndlmanufaktur, Tradigistgegend 17, 3204 Kirchberg an der Pielach, Tel. +43 (6 64) 8 73 73 92, www.fuxsteiner.at

In die Antike eintauchen

28

Die Therme in der Römerstadt Carnuntum

Sandalen liegen herum, es plätschert, ist ganz schön warm und irgendwie wartet man darauf, dass gleich jemand das Wasserbecken besteigt. Die rekonstruierte Therme ist die Attraktion der ehemaligen Römerstadt Carnuntum. Sie ist ein Meisterwerk und die bislang weltweit einzige römische Therme, die voll funktionstüchtig am Originalstandort in antiker Bauweise wieder errichtet wurde. Die Ausführung stellte die Experten vor große Herausforderungen, da es keinerlei Erfahrungswerte mit Projekten in dieser Dimension gab. Dies galt sowohl für das Heizsystem als auch für die Versorgung der Becken mit Wasser. Das Caldarium mit den Fischen an der Wand und dem knallrot umrandeten Becken ist mit 35 Grad Celsius der wärmste Raum. Das Tepidarium ist mit 25 bis 30 Grad angenehmer temperiert. Hier gewöhnte

TIPP

Das Museum Carnuntinum in Bad Deutsch-Altenburg als Schatzhaus von Carnuntum.

man den Körper an die Wärme. Das Frigidarium mit seinem Kaltwasserbecken diente der Abkühlung. In der Latrine saß man nebeneinander auf einer Sitzbank mit Löchern und tauschte sich munter aus.

Entlang der Donau gibt es viele Spuren, die die Römer hinterlassen haben. Doch so tief wie in Carnuntum kann man nirgendwo in die Antike eintauchen. Carnuntum war vom 1. bis 4. Jahrhundert n. Chr. mit rund 50.000 Einwohnern eine Weltstadt an der Grenze des Römischen Reichs. Im ehemaligen römischen Stadtviertel wurden vier Gebäude auf den Originalfundamenten wieder errichtet. Sie wurden funktionstüchtig (Öfen, Küchen) im permanenten Abgleich mit der Wissenschaft rekonstruiert. Gearbeitet wurde teilweise mit römischem Steinmaterial und mit nachgebildeten Werkzeugen in antiker Bau- und Handwerkstechnik. Das Haus des Lucius war das erste Objekt, das mit den Mitteln der experimentellen Archäologie wieder aufgebaut wurde. Die Erfahrungen, die man in kleinem Stil bei der Installation einer sogenannten Hypokaustheizung machte, übertrug man auf die Therme. Das alles ist schon an den ruhigeren Tagen ein Erlebnis, doch wenn Feste und Aktionen mit Musik, Darbietungen und gespielten Szenen stattfinden, wird Geschichte lebendiger denn je.

● Römerstadt Carnuntum, Hauptstraße 1 a, 2404 Petronell-Carnuntum,
Tel. +43 (21 63) 3 37 70, www.carnuntum.at
● ÖPNV: Bahnhof Petronell-Carnuntum (15 Minuten zu Fuß)

Frech feixend, fröhlich

Das Karikaturmuseum an der Kunstmeile Krems

Man muss einfach grinsen, wenn man die beiden sieht – vor allem sie: Feist, frech feixend, fröhlich und nicht wirklich schön: Herr und Frau Österreicher begrüßen die Besucher des Kremser Karikaturmuseums an der Kunstmeile und geben das Motto vor. Der vielseitig begabte Niederösterreicher Manfred Deix (1949–2016), der sich selbst als „Lustzeichner" bezeichnete, hat die Bronzefiguren konzipiert. Herr und Frau Österreicher sind als Stereotype das Pendant des deutschen Otto Normalverbrauchers und symbolisieren selbstironisierend die Seele der Alpenrepublik. Bei den Skulpturen hat man einen guten Blick auf die originelle Architektur des Baus, speziell die markante Zackendachkonstruktion samt rotem Clown-Nasen-Gesicht.

Das Museum wurde nach den Plänen des Architekten und Karikaturisten Gustav Peichl alias „Ironimus" gebaut und 2001 eröffnet. In Österreich ist es einzigartig und laut Direktor Gottfried Gusenbauer international gut vernetzt. Es widmet sich der politischen Karikatur, aber auch der Humorzeichnung bis hin zu Comics, Mangas und Kinderbuch-Illustrationen. Die Wechselausstellungen (Gerhard Haderer, Erich Sokol, Erwin Moser und viele mehr) sind für Überraschungen gut. Die sind die Fans des Museums offensichtlich gewöhnt und so wird kolportiert, dass sich eines Tages zwei Männer nach einer weinreichen Nacht auf einer Bank aneinandergelehnt ausgeruht haben. Sie sollen schnell zu einem beliebten Fotoobjekt geworden sein, weil andere Besucher sie für eine lebende Installation hielten – nach dem Motto: „Dieses Museum hat Sinn für Humor!"

Doch auch anderweitig treten die Besucher in Interaktion. Die Karikaturen machen es möglich. Gusenbauer bringt es auf den Punkt: „Das Tolle daran ist die humorvolle Auseinandersetzung mit Politik, Wirtschaft und Kultur." Diese bringt nicht selten ein Gespräch in Gang, das starre Positionen aufbricht – ein guter Einstieg in die Kunst. Weil das wohl viele Leute ähnlich sehen, ist das Museum zu einem Publikumsrenner geworden und zu einem Ort, der froh macht.

TIPP

Ein Besuch der Kunsthalle in der ehemaligen Tabakfabrik gleich gegenüber.

....

● Karikaturmuseum Krems, Museumsplatz 3, 3500 Krems an der Donau, Tel. +43 (27 32) 90 80 10, www.karikaturmuseum.at
● ÖPNV: Haltestelle Stein/Donau Karl-Eybl-Gasse

Check den Schreck

30 Das Haus für Natur in St. Pölten

Ein Museum, das zugleich Zoo ist – und ein Ort, an dem man viel über die Flora und Fauna Niederösterreichs erfährt: Das Haus für Natur im Herzen des Kulturbezirks von St. Pölten beherbergt mehr als 40 lebende Tierarten. In dem beeindruckenden Gebäude, das Stararchitekt Hans Hollein konzipiert hat, kann man unter anderem kapitale Donau-Welse in einem 125.000-Liter-Becken beobachten; außerdem Karpfen und Waxdicks (russische Störe). In den Terrarien leben Echsen, Frösche und Nattern. Im Formicarium tummeln sich rund 45.000 fleißige Ameisen. Alle Glasvitrinen sind so blank geputzt, dass man das Gefühl hat, fast mittendrin zu sein.

Die Entdeckungsreise geht über mehrere Ebenen in die unterschiedlichsten Lebensräume der Region: eine Auenlandschaft, eine Höhle, Wiese und Wald, Mittel- und Hochgebirge. Es gibt sogar einen Gletscher mit echtem Eis zum Anfassen. Ein Wasserlauf führt vom Gebirge bis zu den Gewässern des Tieflandes. Insbesondere auf Kinder warten coole Aktionen: Unter dem Motto „Check den Schreck" können sie beispielsweise in den Wintermonaten mit dem Wandelnden Blatt, der Gespenst- oder Riesenheuschrecke auf Tuchfühlung gehen und dabei Selfies machen.

Das Highlight im Schaugarten ist der Au-Tümpel, in dem vom Aussterben bedrohte Sumpfschildkröten wohnen. Die verschiedenen Biotope Feucht-, Trocken-, Blüten-, Schatten- und Teichinsel, Terrassenlandschaft und Lichthof, Wein- und Obstterrassen zeigen Ausschnitte einer intakten Kulturlandschaft. Hier kann man entspannt verweilen: lesen, sonnenbaden oder einfach in Ruhe dasitzen und nichts tun. Auch Kunstfreunde kommen auf ihre Kosten. Skulpturen österreichischer Künstler sowie eine Installation des Schweizers Daniel Spoerri verbinden Natur und Kultur.

Nicht wenige kommen gerne regelmäßig in den Museumsshop. Wer sich für Natur und Geschichte interessiert, findet hier ein liebevoll sortiertes riesiges Sortiment an Büchern. Allein das Angebot für die Kleinen lässt das Herz so manches Großen vor Freude hüpfen.

....

● Haus für Natur, Museum Niederösterreich, Kulturbezirk 5, 3100 St. Pölten,
Tel. +43 (27 42) 90 80 90, www.museumnoe.at/de/haus-fuer-natur
● OPNV: Haltestelle Landhaus Süd

WALD

Auszeit mit Hans Hagebutte

 31 ## Das Sonnentor Erlebnis in Sprögnitz

Er ist ein echtes Waldviertel-Gewächs. Johannes Gutmann wurde in einer Bauernfamilie groß und hatte irgendwann einmal eine Vision: Er wollte professionell Kräuter vermarkten, und das biologisch. 1988, als er seine Firma Sonnentor gründete, wurde er von vielen noch als Spinner abgetan. In den angemieteten Räumen einer Apotheke in Ottenschlag entstand dann seine erste Teemischung: der Gute Laune Tee. Doch längst hat ihm der Erfolg recht gegeben. Das Unternehmen mit der lachenden Sonne als Logo liefert inzwischen Tees, Gewürze, Kräuter und Co. in alle Welt.

Daheim in Sprögnitz ist das Sonnentor Erlebnis zu einem Magneten für Naturliebhaber und Glückssuchende geworden. In der Apotheke war wegen der großen Nachfrage nicht mehr genug Platz und Johannes Gutmann kaufte 1992 einen alten Bauernhof in Sprögnitz. Die Gärten und Kräuterhallen verströmen einen paradiesischen Duft. Es riecht nach Pfefferminze, Thymian, Lavendel, Salbei, Rosmarin, Lindenblüten und nach Holunder. Bei einer Führung durch die Produktion sieht man, wie all die feinen Tees und Gewürze hergestellt werden.

TIPP

Der Naturgarten der Vielfalt am Frei-Hof.

Das Wald-Reich lädt auf 2 Hektar mit 19 Erlebnis-Stationen zum Seelebaumeln ein. Bei einer Führung durch die Produktion sieht man, wie all die feinen Tees und Gewürze hergestellt werden. Man kann locker mehrere Stunden hier verbringen, ohne dass es einem langweilig wird: im Bio-Gasthaus Leibspeis' einkehren, gemütlich eine Tasse Tee schlürfen, auf Wanderwegen spazieren, einkaufen – und sogar schlafen!

Die beiden aus nachhaltigen, regionalen Materialien wie Vollholz und Schafswolle errichteten Land-Lofts Anna Apfelminze und Hans Hagebutte laden ein zu einer Auszeit im Einklang mit der Natur. Mit jeweils 31 Quadratmetern gibt es Platz für fünf beziehungsweise vier Personen. Weil die Nächte im Waldviertel manchmal ganz schön frisch sind, sorgt ein Holzofen für gemütliche Wärme. Im Übrigen unterhält Sonnentor im nahen Zwettl fünf Stadt-Lofts. Dort kann man in einem Haus aus dem 13./14. Jahrhundert in die Vergangenheit abtauchen.

● Sonnentor Erlebnis, Sprögnitz 10, 3913 Sprögnitz, Tel. +43 (28 75) 7 25 61 00
www.sonnentor.com

Dem Himmel ganz nah

32

Der Kubus des Schlosses in Waidhofen

Er dürfte wohl einer der erstaunlichsten Orte für ein Candle-Light-Dinner sein: der coole Kubus des Waidhofener Schlosses. Hier oben kann man exklusive Romantik genießen – und ist dem Himmel ganz nah. Die moderne Schlossturmspitze des einstigen Rothschild-Familiensitzes wurde von dem Wiener Stararchitekt Hans Hollein entworfen. Doch bis man das Drei-Gänge-Menü samt Weinbegleitung genießen kann, muss man erst einmal 150 Stufen überwinden. Dann gehört einem der Kubus samt spektakulärer Aussicht für 3 Stunden ganz allein, nur ein Servicemitarbeiter kommt ab und zu vorbei. Der Kubus ist ein beliebter Platz für Veranstaltungen aller Art: Sektempfänge, Feiern im kleinen Rahmen und sogar Trauungen. Auch eine Nachtwächterführung endet mit dem Blick über die Stadt der Türme.

TIPP

Der 107 Kilometer lange Ybbstalradweg verbindet die Donau mit dem Lunzer See.

Die Historie des imposanten Schlosses am Ufer der Ybbs reicht zurück bis ins Mittelalter. Die Anlage wurde um 1400 zu einer repräsentativen Schlossanlage mit Bergfried ausgebaut. Anfang des 19. Jahrhunderts verfiel das Schloss, bis es Baron Albert von Rothschild 1875 als Verwaltungssitz für seine ausgedehnten Forstdomänen kaufte und umbauen ließ. Doch den optischen Kick, und damit seine unverwechselbare Silhouette, bekam es durch die von Hollein konzipierten gläsernen Aufbauten anlässlich der Landesausstellung 2007.

Eine weitere Attraktion im Schloss Rothschild ist das 5-Elemente-Museum, das kleinen und großen Besuchern durch eine Zeitreise Wissenswertes über Feuer, Wasser, Erde, Holz und Metall vermittelt. Denn alle Elemente spielen in der Gegend eine bedeutende Rolle. Über Jahrhunderte war die Eisenwurzen Europas wichtigste Eisen produzierende und verarbeitende Region und Waidhofen einer der Hauptorte: Messer, Sensen und Kleineisenwaren verschiedenster Art wurden hier gefertigt und vertrieben. „Berühren erwünscht!" lautet das Motto in dem interaktiv ausgelegten Museum. Man darf ganz viele Dinge ausprobieren – beispielsweise ein Eisenhemd überziehen und am eigenen Leib spüren, wie unglaublich schwer es ist.

....

● Schloss Rothschild, Schlossweg 2, 3340 Waidhofen an der Ybbs, Tel. +43 (59) 30 49 www.schloss-rothschild.at

● ÖPNV: Bahnhof Waidhofen an der Ybbs (1 Kilometer zu Fuß)

Medi-Gin und Teelikör

33 Die Tastedillery in Melk

Rund 600 Jahre soll er alt sein, der Eiskeller des Klosters Melk. In der ehemaligen Kältekammer des Stifts herrscht eine besondere Atmosphäre. Kühl und ein bisschen feucht ist es da. Aber wer das vermutlich älteste Gebäude der Stadt mitten in der Fußgängerzone betritt, spürt (und riecht) sofort, dass es sich um einen speziellen Ort handelt. Hier wird Hochprozentiges destilliert und verkauft. Die Holzregale in dem eindrucksvollen Backsteingewölbe sind gefüllt mit den unterschiedlichsten Spirituosen, Essigen, Ölen und Aufstrichen von kleinen Produzenten. Das Raumklima ist für diese Produkte kein Thema.

Die Tastedillery ist das Reich des ehemaligen Barkeepers Fabian Sautner aus Melk, der 2017 eine Firma gründete, um einen Ischgl-Gin zu kreieren und herzustellen. In seiner Heimatstadt machte er sich in einer kleinen Halle samt Destillerie erfolgreich ans Werk. 2019 eröffnete er seine Tastedillery in der Hauptstraße. Inzwischen gibt es acht verschiedene Sautner-Gins. Der Renner ist der Domus, der nur oben im Kloster verkauft werden darf – mit Kräutern und Blüten aus dem Paradiesgarten des Stifts. Ein Bestseller ist aber auch der Medi-Gin, der in Zusammenarbeit mit einer örtlichen Apotheke entwickelt wurde – in kleinen Chargen gebrannt mit außergewöhnlichen Zutaten wie Muskatblüte oder Absinthkraut. Nur durch den Zusatz von Botanicals (Kräuter, Blätter, Samen, Hülsenfrüchte, Wurzeln, Beeren, Früchte) wird aus einem neutralen Alkohol der geschmacklich so vielseitige und beliebte Gin. Sautners Gin-Philosophie: Die Grundzutat Wacholderbeere steht im Vordergrund, die verschiedenen Aromen spielen harmonisch zusammen. Im Gin für die Stadt Melk findet man Marille, Weintraube, Mandel, Hopfen und Safran.

Der junge Mann ist ein kreativer Geist. Er brennt Marillen-, Williams- oder Haselnussschnaps und liebt es, immer wieder neue Spirituosen zu entwickeln – zum Beispiel Teeliköre oder einen Bärlauch-Geist. Er weiß: Die Branche ist hart umkämpft und benötigt immer wieder Innovation mit regionalem Fokus.

TIPP

Die Barock-Abtei Melk ist Teil des UNESCO-Welterbes Wachau.

● Tastedillery, Hauptstraße 3, 3390 Melk, Tel. +43 (6 99) 10 53 31 25
www.tastedillery.at
● ÖPNV: Bahnhof Melk

Gänsehautmomente

34 Das MAMUZ Schloss Asparn/Zaya

Von der Steinzeit bis zum Mittelalter: 40.000 Jahre Menschheitsgeschichte in Mitteleuropa lässt das Museum MAMUZ Schloss Asparn/Zaya Revue passieren. Und das ist alles andere als langweilig. In der Ausstellung im Schloss gibt es auf drei Etagen viele interaktive Stationen, an denen kleine und große Besucher unter anderem ein Mini-Langhaus bauen können. Das Urgeschichtemuseum in Asparn ist führend im Bereich der experimentellen Archäologie.

Aber dann nichts wie hinaus in das archäologische Freigelände mit originalgetreuen Nachbauten von Wohnbehausungen und Werkstätten. Die Gebäude, Acker- und Gartenflächen sind in Siedlungen der unterschiedlichen Epochen (Steinzeit, Bronzezeit, Eisenzeit und frühes Mittelalter) zusammengefasst. Hütten aus Lehm und Holz zeigen die Wohn- und Arbeitsbereiche von Bronzegießern, Drechslern oder Steinschlägern. Dabei wird die Entwicklungsgeschichte der Menschheit dokumentiert – von steinzeitlichen Hütten aus Tierhäuten, als die Menschen noch Mammuts gejagt haben und in den Steppen unterwegs waren, bis hin zu deren Sesshaftigkeit. Die Häuser sind Modelle von Gebäuden, die auf archäologischen Grabungen basieren. So wurde eine frühmittelalterliche Kirche rekonstruiert – nach dem Vorbild einer Rundkirche aus dem 9. Jahrhundert, deren Reste in Tschechien gefunden wurden.

In den Sommermonaten gibt es ein breites Angebot an historischen Handwerkskursen, auch für Kinder. Man kann in der Kräuterapotheke gesunde Rezepturen kennenlernen. Auch Glasperlen können hergestellt oder Messer geschmiedet werden. Sehr beliebt sind auch die Feste. Bei den Wikingertagen etwa sind historische Darsteller aktiv, die über den aktuellen Forschungsstand bestens informiert sind und dies authentisch leben. Sie kochen über Feuer und stellen ihre Kleidung selbst her. Für Gänsehautmomente sorgt die Nacht der keltischen Feuer mit Kriegern, Handwerkern, Märchenerzählern, keltischer Musik und kulinarischen Köstlichkeiten. Dann ist das ganze Areal nur von Fackeln und Feuern beleuchtet. Und das ist irgendwie magisch.

TIPP

Der zweite MAMUZ-Standort Mistelbach widmet sich jedes Jahr einem anderen großen Thema.

● MAMUZ Schloss Asparn/Zaya, Schlossgasse 1, 2151 Asparn an der Zaya, Tel. +43 (25 72) 2 07 19. www.mamuz.at

Reine Nostalgie

 35 Das Fischauer Thermalbad

Es gibt idyllische Badeseen und Schwimmbäder, die sich durch eine besondere Atmosphäre hervortun. Es gibt aber auch das Fischauer Thermalbad, das einen durch seine nostalgische Architektur sofort verzaubert. Die natürlichen Thermalquellen wurden bereits von den Römern und Kelten genutzt. 1363 wurde das Bad erstmals urkundlich genannt.

An diesem Ort genossen der Adel und später das aufstrebende Bürgertum der Belle Époque ihre Sommerfrische und das glasklare Quellwasser. 1771 entstand hier ein eigenes Badehaus für Gäste aus der Umgebung. Die Popularisierung führte zu einem großflächigen Ausbau: 1898 erwarb Erzherzog Rainer das Bad und ließ es zu einer Kuranstalt mit Wannen- und Medizinalbädern ausbauen. Das Herrenbecken wurde neu gestaltet und um hölzerne Kabinenreihen in Laubsägeoptik erweitert. Ein Schild weist immer noch darauf hin, dass Platz für maximal 25 Personen ist, die 4 Meter Abstand halten sollen. Es wurde ein eigenes Damenbecken gebaut sowie eine zweigeschossige Kabinenanlage in den Farben Grün und Gelb, die das Bild des Thermalbads prägt. Bis heute kann man in diesem historischen Ambiente wie zu Kaisers Zeiten baden und entspannen. Ein nettes Detail am Rande des Damenbeckens: Da man es den weiblichen Badegästen nicht zumuten wollte, über die Leitern in das Bad zu steigen, gab es ein eigenes Vorbecken mit knöchelhohem Wasser zum Drangewöhnen.

Rund 40 Millionen Liter frisches Thermalwasser durchspülen die Becken täglich und bieten so höchste Wasserqualität ohne Chemie. Das Quellwasser hat das ganze Jahr über eine Temperatur von 19 Grad. Es soll für Badegäste, die zu Erschöpfung, Haut- oder Venen-Beschwerden neigen, besonders wohltuend sein. Gespeist wird das Wasser aus drei Quellen. Hinter den Kabinen breiten sich wunderschöne Liegewiesen aus mit üppigen Bäumen und Sträuchern, die ausreichend Schatten spenden. Auch für Kinder gibt es einen eigenen Bereich.

Im Winter kann man im Sauna- und Wellness-Bereich relaxen und sich eine entspannende Heilmassage gönnen. Und dann geht's zum Genießen ins Thermalrestaurant.

....

● Fischauer Thermalbad, Hauptstraße 10, 2721 Bad Fischau, Tel. +43 (26 39) 22 22
www.fischauer-thermalbad.at
● ÖPNV: Bahnhof Bad Fischau-Brunn (15 Minuten zu Fuß)

Ein Lächeln des Schöpfers

36 Das Kräuterpfarrer-Zentrum in Karlstein/Thaya

Kräuterpfarrer Hermann-Josef Weidinger war eine Legende. Der Prämonstratenser-Chorherr im Stift Geras hielt Vorträge, war in den Medien präsent und schrieb Bücher. Viele Menschen kamen ins Waldviertel, um sich einen Rat und ein passendes Mittel für ihre gesundheitlichen Beschwerden zu holen. Etwa 25 Kilometer vom Stift entfernt, in Karlstein an der Thaya, wuchs im Laufe der Zeit das Kräuterpfarrer-Zentrum heran. Im Kräuterhof werden die von den Bauern der Umgebung kultivierten Pflanzen gemischt und verarbeitet – zu Tees, Salben und alkoholischen Auszügen. 2004 verstarb Weidinger und Benedikt Felsinger setzte sein Vermächtnis fort. Er war viele Jahre die rechte Hand des Kräuterpfarrers und betrachtet es vor allem als seine Aufgabe, das Wissen Weidingers weiterzutragen, aber auch weiterzuentwickeln. Für ihn sind die Heilkräuter ein Zeichen der Sympathie Gottes mit den Menschen, ein „Lächeln des Schöpfers".

TIPP

Das Gästehaus des Stiftes bietet Fastenkuren an.

Im Kräuterpfarrer-Zentrum ist die Devise von Paracelsus lebendig: „Gott hat für jede Krankheit eine Pflanze wachsen lassen. Sehet Euch um in der Natur und schöpft aus seiner Apotheke." Der Schaugarten mit nahezu 200 Kräutern und Wildsträuchern wurde noch von Weidinger selbst geplant und angelegt und wird heute liebevoll gepflegt. Im Haus, speziell im Naturladen, duftet es betörend. Über 700 Produkte kann man dort erwerben: neue Kreationen wie den Freutee Fettbörner, selbst hergestellte Liköre, ätherische Öle, Kräutermischungen und viele Erzeugnisse wie Biosäfte oder Honig aus der Region. Im Ausstellungsraum bekommt man Einblicke in das spannende Leben und Wirken Weidingers und den Erfahrungsschatz seiner Bücher. In Karlstein finden auch immer wieder Seminare und Kräuterwanderungen statt.

Das Stift Geras besitzt eine hohe und langjährige Erfahrung im Umgang mit der Gesundheit – im Rahmen eines Kompetenzzentrums für Salutogenese, der Wissenschaft von der Entstehung und Erhaltung von Gesundheit. Es gibt auch einen eigenen Schaugarten. Hermann-Josef Weidinger fand auf dem Konventfriedhof die letzte Ruhe.

● Kräuterpfarrer-Zentrum, Hauptstraße 16, 3822 Karlstein an der Thaya, Tel. +43 (28 44) 70 70, www.kraeuterpfarrer.at

Glück im Unglück

37 Die Basilika am Sonntagberg

Sie thront auf mehr als 700 Metern Höhe und blickt majestätisch auf das Mostviertel und noch viel weiter darüber hinaus: die Wallfahrtskirche auf dem Sonntagberg. Ihre Ursprünge reichen bis in das Jahr 1440 zurück, als Abt Benedikt I. von Seitenstetten an diesem Ort eine gotische Kapelle erbauen ließ. Die heutige zweitürmige barocke Basilika wurde zwischen 1706 und 1732 errichtet. Der Sonntagberg ist ein bedeutender Pilgerort und ein beliebtes Ausflugsziel. All die Votivgaben, die die Wallfahrer zur Basilika brachten und immer noch bringen, werden in der Schatzkammer verwahrt. Sie befindet sich hinter dem Hochaltar der Kirche und kann durch einen Außeneingang besichtigt werden. Reich verzierte Kerzen, Kreuze in allen Größen und Varianten, Bilder, Rosenkränze: Die schriftlichen und materiellen Danksagungen der Gläubigen berühren tief. Die Gründe dafür sind vielfältig: überstandene Krankheiten, geheilte Verletzungen, Glück im Unglück, die Rückkehr aus dem Krieg, einen Unfall oder eine Feuersbrunst überlebt zu haben, die Geburt eines gesunden Kindes, die Heirat mit einem guten Menschen. Wunder und Heilungen sind Teil der Glaubensgeschichte jedes Wallfahrtsortes. In sogenannten Mirakelbüchern wurden diese aufgezeichnet. In der Bibliothek der Basilika kann man nachlesen, wann und wie der liebe Gott geholfen haben soll. So manche Votivgabe zeugt allerdings schlichtweg von einem unerschütterlichen Glauben.

Auch vielen, die nicht ganz so gläubig sind, gilt der Sonntagberg als ein Ort, der Kraft spenden kann. Zu den besonderen Plätzen hier oben zählt die Quelle bei der Türkenbrunnenkapelle. Das Wasser soll vor allem Augenleiden lindern. Einen kleinen Spaziergang entfernt – idyllisch inmitten einer Waldlichtung gelegen – steht die barocke Kapelle. Der Innenraum ist als künstliche Grotte ausgestaltet und opulent mit vielen Muscheln und Skulpturen dekoriert. Außer für Kreuzwegandachten wird die Kapelle liturgisch nicht genutzt. Und so lassen sich in der Stille leere Akkus gut aufladen.

TIPP

Bei der Basilika beginnt der Panorama-Höhenweg.

··

● Basilika Sonntagberg, Ort Sonntagberg 1, 3332 Sonntagberg,
Tel +43 (74 48) 2 15 72, www.sonntagberg.at

Birne und Butterkeks

38

Der Eis-Greissler in Krumbach

Was macht man, wenn man 50 Kühe hat, die fleißig Milch geben? Man verkauft die Milch an Schulen, Kindergärten und Gaststätten in der Umgebung. In den Sommerferien ist das ein Problem. Und so kamen die Kuhbesitzer Andrea und Georg Blochberger vor über 20 Jahren auf die Idee, aus der Milch Eis zu machen. Mit ihrem Bauernhof-Eis waren sie zunächst mobil in der Buckligen Welt unterwegs. Es kam so gut an, dass die Eismacherei und das Erfinden neuer Sorten zu ihrer Passion wurden. 100 verschiedene Kreationen sind es bereits – von Birne und Butterkeks über Ziegenkäse (!) bis hin zu Apfel-Rhabarber, Griesschmarrn, Kürbiskernöl, Süßkartoffel-Paprika, Salzburger Nougattraum, Linzertorte und natürlich Klassikern wie Erdbeere oder Haselnuss. In der Wiener Rotenturmstraße eröffnete die erste Filiale und inzwischen kamen in Österreich zehn weitere dazu.

TIPP

Das Badezeug für die Kinder nicht vergessen!

2016 wird am Heimatort Krumbach die Eis-Manufaktur eröffnet und die Blochbergers wären nicht die Blochbergers, wenn sie es damit hätten bewenden lassen: Es entstand eine Greissler-Welt, in der die Familie getrost einen Tag verbringen kann. Es gibt ein Kaffeehaus, einen Hofladen, einen Kulinarik-Stadl und einen Naturspielplatz. Inzwischen ist ein ganzer Erlebnispark daraus geworden, der immer weiter wächst. Dort kann man nicht nur leckeres Eis schlecken, sondern sich austoben und Spaß haben – in Fahrgeschäften wie dem Milchshaker oder auf Hüpfpolstern und dem Rutschenturm. Kinder ab drei Jahren fahren in der Bucklbahn rauf und runter und wild um die Kurve. Der nostalgische Bahnhof mit seinem Glockenturm ist schon von Weitem sichtbar. Und weil Abkühlung quasi das Spezialgebiet der Eis-Greisslers ist, gibt es auch drei feuchtfröhliche Wasser-Abenteuer-Spielplätze: den Wasserspielplatsch, den Floßteich und die Stanitzel-Sprühstation.

Die virtuelle Erlebnistour durch die Eis-Geschichte und die Eis-Produktion nennt sich Eis-Zeitreise. Es gibt drei Stationen: einen Express, ein Flying Theater mit Spezialeffekten und das Versuchslabor, in dem man drei neue Erfindungen testen darf.

● Eis-Greissler Erlebnispark, Königsegg 25, 2851 Krumbach, Tel. +43 (26 47) 4 29 50
www.eis-greissler.at
● ÖPNV: Haltestelle Krumbach/Eis-Greissler

Auf der Himmelstreppe

39

Das Modellbahnmuseum in Kirchberg

Trotz Hightech und Digitalisierungshype allerorten packt sie den einen oder anderen doch: die Begeisterung für eine besondere Bahn. Das Modellbahnmuseum im alten Bahnhof von Kirchberg an der Pielach zeigt den landschaftlich spektakulärsten Abschnitt der Mariazellerbahn – die Bergstrecke von Laubenbachmühle bis kurz nach Erlaufklause mit allen Bahnhöfen, Tunneln und Viadukten; außerdem Teilbereiche der Verbindung mit dem Bahnhof Kirchberg und der Ruine Weißenburg. Die Anlage wird von 13 Zügen befahren, die halb automatisch an verschiedenen Bahnhöfen in Gang gesetzt werden können. Außerdem wird die Geschichte dieser einzigartigen Bahn anhand von alten Fotos, Schriftstücken, Modellen und Büchern dokumentiert.

TIPP

Vom Skywalk Kirchberg hat man einen wunderbaren Panoramablick ins Dirndltal.

Die Mariazellerbahn ist mit 85 Kilometern die längste Schmalspurbahn Österreichs. Die Strecke verläuft von der niederösterreichischen Landeshauptstadt St. Pölten durch das malerische Dirndltal, vorbei am Naturpark Ötscher-Tormäuer bis zum steirischen Wallfahrtsort Mariazell. Am 7. Juni 1898 erreichte ein erster Probezug Kirchberg an der Pielach. Offiziell eröffnet wurde die Strecke von St. Pölten im Juli jenes Jahres als Pielachtalbahn. Am 5. August 1905 wurde der Abschnitt bis Laubenbachmühle in Betrieb genommen. Die Bauarbeiten für die Bergstrecke gingen weiter; im Mai 1907 nahm der Personenverkehr bis Mariazell die Fahrt auf. Heute tragen die Niederflurtriebwagen den Namen Himmelstreppe und der verspricht nicht zu viel, denn die Fahrt insbesondere auf der Bergpassage ist grandios. An der Strecke liegen viele Sehenswürdigkeiten, Wanderrouten und Radwege. Sie laden zu einer Fahrtunterbrechung ein.

Im Außenbereich stehen die begehbare Elektrolok 1099.06 Hackner Gerhard (1911) mit dem Original-Führerstand und der Waggon B4iph/s3110. Für interessierte Bahnlaien: Der Firma Siemens-Schuckert gelang mit den Elektrolokomotiven der Serie 1099 im Fahrzeugbau eine Pionierleistung. Auf der Strecke der Mariazellerbahn wurde die Kirchberg-Lok 2013 zum letzten Mal eingesetzt.

● Modellbahnmuseum Mariazellerbahn, Bahnhofstraße 9, 3204 Kirchberg an der Pielach, Tel. +43 (27 22) 2 03 77, www.bahnimbahnhof.at
● ÖPNV: Bahnhof Kirchberg

Mit Mika und Tim ins Grüne

40 Eine Kutschfahrt vor die Tür St. Pöltens

Direkt vor der Haustür der niederösterreichischen Landeshauptstadt grünt es so grün. Die Naherholungsgebiete machen ihrem Namen auch von der geringen Entfernung her alle Ehre. Hier kann man nicht nur radeln, wandern, joggen oder spazieren, sondern die Natur ganz gemütlich bei einer Kutschfahrt entdecken. Hauptberuflich vermarktet Matthias Weiländer die Stadt St. Pölten. Doch privat gilt seine große Leidenschaft den Pferden. Er lernte reiten, absolvierte eine Ausbildung zum Kutscher und kaufte sich Noriker. Diese kräftigen Kaltblüter sind relativ große Pferde, gelten aber dennoch als leichtfüßig, trittsicher, ruhig, gutmütig und fit. Sie werden seit vielen Jahrhunderten als Lastentiere gezüchtet.

TIPP

Im Sommer bieten die Viehofner Seen Erholung pur mitten in der Stadt.

Mika und Tim ziehen eine hochmoderne Kutsche mit Straßenbeleuchtung und Luftfederung, damit es nicht so wackelt, auf definierten Routen vom Stadtwald über den Eisberg und Hauptfriedhof bis hin zur St. Pöltner Kellergasse. Die zweite Tour führt ebenfalls vom Stadtwald über den Alpenbahnhof zum sogenannten Geburten- und Hochzeitswald. Warum der so heißt? In Absprache mit der Stadtgärtnerei können dort Bäume zur dauerhaften Erinnerung an die jeweiligen Ereignisse gepflanzt werden. Der Einstieg erfolgt beim Tiergehege im Stadtwald. Es gibt auch eine Vollmondtour und eine Tour zum Ratzersdorfer See. In der Kutsche haben acht Erwachsene – und mehr Kinder – Platz.

Weilander bietet seine einstündigen Kutschfahrten ein- bis zweimal pro Monat an. Der Kartenverkauf findet online oder in der Tourismusinformation statt. Bei schlechtem Wetter wird ein Ersatztermin angeboten. Die Erkundungen per Pferd sind Teil einer Serie von geführten Naturspaziergängen und werden gerne als Gutscheine verschenkt. Was die Passagiere besonders beglückt? Das entschleunigende Tempo, der Anblick der prächtigen Tiere, die erhöhte Sitzposition und die entsprechende Sicht auf Orte, die man normalerweise nicht befahren darf. Bei der Rundfahrt, die in der Kellergasse endet, gibt es zum Abschluss sogar noch ein Stehachterl im Heurigenlokal Rendlkeller.

....

● Kutschfahrt, Tourismusinfo, Rathausplatz 1, 3100 St. Pölten,
Tel +43 (27 42) 3 33 50 00, www.stpoeltentourismus.at

Schwarzes Gold

41

Die Waldköhlerei Hochecker in Michelbach

Sie brennen für traditionsreiches Handwerk – und das im wahrsten Sinne des Wortes: Theresia und Johann Hochecker betreiben am östlichen Rand des Mostviertels eine Waldköhlerei und stellen Holzkohle her. Den Betrieb haben sie von Johanns Vater übernommen und geben das Know-how schon an die nächste Generation weiter. Der Weg vom Baum zur Holzkohle erstreckt sich über mehrere Wochen. Er beginnt mit dem Aufbau des Rundmeilers, der 4 Meter hoch ist und einen Durchmesser von 9 Metern hat. Dafür werden Holzstücke akkurat aufgeschichtet. Als Letztes kommen Zweige und dann Lösch auf den Berg, der von einer Leiter aus angezündet wird. Der aufsteigende Rauch zeigt an, ob alles funktioniert. Wenn er weiß ist, passt es. Wäre er blau, würde das Holz verbrennen und nicht verkohlen. Wer einmal miterleben möchte, wie qualitativ hochwertige Grillkohle entsteht, hat dazu entweder im Rahmen einer gebuchten Führung oder bei einem individuellen Besuch die Gelegenheit. Dieser archaisch anmutende Prozess lässt keinen kalt. Im Köhlerhaus kann man sich dazu auch einen Film ansehen.

Ist der Meiler abgekühlt, werden die verschiedenen Kohlesorten sortiert. Resi Hochecker erklärt, wie wichtig die Qualität des Holzes für die Qualität der Holzkohle ist. Die Hocheckers haben einen eigenen Wald und verwenden nur ihr eigenes Holz. Für das Grillen von Hühnerfleisch empfiehlt die Chefin Holzkohle aus Weichholz wie Fichte, für Rindfleisch Holzkohle aus Harthölzern. Die Kohle aus dem Mostviertel hat inzwischen viele treue Fans in der gehobenen Gastronomie und unter privaten Grill-Gourmets. Für Theresia Hochecker bedeutet diese Wertschätzung ein Stück vom Glück und den Lohn für eine harte, körperlich anstrengende Arbeit.

Die eigene Milchwirtschaft liegt der Familie nach wie vor am Herzen. Darüber hinaus hat sie einen Hofladen eingerichtet. Dort können die Besucher nicht nur Holzkohle erwerben, sondern unter anderem auch die Bio-Elsbeer-Produkte des Nachbarn Karl Vonwald kaufen und kosten. Jeden Samstag gibt es frisches Brot und Gebäck aus eigener Produktion.

TIPP

In der großzügigen Ferienwohnung kann man wunderbar ausspannen.

....

● Waldköhlerei Hochecker, Kleindurlas 13, 3074 Michelbach, Tel. +43 (27 44) 85 56
www.holzkohle.at

Ein Ort voller Magie

42

Das Paradies im Stift Heiligenkreuz

Schon an der Pforte fällt eines auf: Hier sind die Mönche deutlich jünger als in anderen Klöstern. Und es gibt noch viele. Fakt ist: Das Stift Heiligenkreuz hat keine Nachwuchssorgen. Pater Lazarus, der an diesem Tag die Besucher empfängt, führt das nicht nur auf die Magie des Ortes zurück. Für ihn macht die Symbiose aus Historie und gelebter Spiritualität die Attraktivität des Klosters aus. Das Zisterzienserstift mitten im Wienerwald ist schon allein geschichtlich eine Sensation. Es besteht seit 1133 ohne Unterbrechung.

Das Besondere: Hier wird das Chorgebet noch ganz traditionell auf Lateinisch gebetet und gesungen. In Heiligenkreuz liebt man den gregorianischen Choral, der mehr als 1000 Jahre alt ist. Die gesungenen Gebete wurden 2008 durch die Choral-CD „Chant – Music for Paradise"

TIPP

Im Klostergasthof kann man österreichische Spezialitäten genießen.

weltberühmt. In Großbritannien landete sie sogar in den Top Ten. Die Besucher können am Chorgebet oder den heiligen Messen (fünfmal täglich) teilnehmen – allerdings unter der Voraussetzung, dass sie den Ritus und die Andacht der Mönche nicht stören und keine Aufnahmen (Fotos, Videos) dabei machen.

Der quadratische Kreuzgang von 1240 stellt eine Synthese aus Romanik (Rundbogen) und Gotik (Spitzbogen) dar. Früher war er nur den Mönchen vorbehalten, die dort gelesen, studiert und meditiert haben. Weil sie dadurch Gott begegneten, nannte man den Kreuzgang im Mittelalter paradisum, Paradies. Heute können auch Besucher die glücklich machende Stille dieses Ortes in sich aufnehmen. Das Paradies wird auch durch die Architektur ausgedrückt. In Heiligenkreuz symbolisieren Hunderte von Marmorsäulen die Bäume des Himmelreichs. Von kunstgeschichtlicher Bedeutung sind die schlichten grau-schwarzen Glasfenster im Grisaille-Stil, die zum Teil noch aus dem 13. Jahrhundert stammen. Im Mittelalter war das wunderschöne neuneckige Brunnenhaus im Kreuzgang die einzige Trinkwasserquelle des Klosters. Und noch heute wird der vermooste Brunnen von einer eigenen Brunnenstube gespeist.

● Zisterzienserabtei Stift Heiligenkreuz, Markgraf Leopold Platz 1, 2532 Heiligenkreuz, Tel. +43 (22 58) 87 03, www.stift-heiligenkreuz.at

Fast alles Erdbeere

43 Die Bauernspeis in Wagram an der Donau

Das Logo sagt, worum es geht: um Erdbeeren und Herz. In Wagram an der Donau hat sich Karin Unger einen Traum erfüllt: einen Bauernladen mit eigenem Kaffeehaus. Was das mit Erdbeeren zu tun hat? Viel und wenig. Denn am Anfang stand die rote Frucht im Fokus. Die Familie baute neben Spargel Erdbeeren an und tat sich schwer mit der Vermarktung, weil die Felder 10 Kilometer entfernt nicht gut gelegen waren. Nach mehreren Etappen entstand aus dem Garagenverkauf der Anfangszeit ein Glücksort für alle, die gerne hochwertig und regional einkaufen oder sich eine Pause von den Anforderungen des Alltags gönnen wollen.

Aus Erdbeeren zaubert die Niederösterreicherin die feinsten Getränke, Kuchen und Mehlspeisen. Erdbeerwein, -frizzante, -marmelade, -nektar, -bowle, -punsch mit einem hohen Fruchtanteil. Für die Qualität der Produkte wurde sie bereits ausgezeichnet und hat immer tolle Rezepte rund um die süßen Beeren parat. Gibt es eine Geheimzutat für Geschmack? „Die Erdbeeren müssen richtig reif sein", sagt sie.

Ein wenig stolz auf das Erreichte ist sie schon, wenn sie um sich blickt. Schließlich hat sich so mancher anfangs über ihre Ideen und Pläne gewundert. Doch Ungers Devise lautet: Weniger nachdenken, sondern „machen – und um sich Wellen schlagen". Und das hat vortrefflich funktioniert. Die Bauernspeis versteht sich nicht als klassischer Bauernladen, sondern vielmehr als „der Greissler ums Eck". Hier gibt es eine große Auswahl an heimischen Käse- und Wurstsorten, dazu Eier, Milchprodukte, hausgemachtes Brot, saisonales Obst und Gemüse, verschiedene Sorten Wein aus der Region, Fruchtsäfte, Fisch und Fleisch, hausgemachte Torten und Kuchen. Auch Erdbeerführungen und Verkostungen werden angeboten.

Unger freut sich, wenn Freundinnen und Familien zum Frühstücken auf die Terrasse kommen. Drinnen, im Café, findet man möbeltechnisch eine bunte Mixtur bis hin zur alten Couchgarnitur ihrer Mama, die fast immer als Erstes besetzt ist. Genau diese Mischung und die Herzlichkeit der Menschen machen den Charme der Bauernspeis aus.

....

● Bauernspeis, Wagram an der Donau 39, 2304 Wagram an der Donau,
Tel. +43 (6 99) 11 30 99 37, www.bauernspeis.net

So wie früher

44 Das Weinviertler Museumsdorf Niedersulz

Ein Spaziergang durch das Museumsdorf Niedersulz fühlt sich an wie ein Ausflug in die gute alte Zeit. Historische Wohn- und Handwerkerhäuser, Schafe, Ziegen, Esel, Schweine, Kaninchen, Gänse und Hühner auf dem Lebenden Bauernhof, eine Dorfschule, Kapellen, eine Mühle und eine Kellergasse: Idylle pur. Hier kann man in das Alltagsleben eines Weinviertler Dorfs um 1900 eintauchen. Am Dorfplatz gibt es sogar ein richtiges Dorfwirtshaus (Zum Jägerhaus), in dem man Schmankerl und Weine aus der Region genießen kann. Ein kulinarischer Geheimtipp!

Im Haus zum Ausprobieren kann man auf einer Stroh- oder Rosshaarmatratze Probe liegen, sehen, wie viel Licht eine Kerze oder Petroleumlampe spendet, Socken oder Strümpfe stopfen, einen Brotlaib in den Backofen schieben. Wer noch mehr über das Leben zu dieser Zeit und in dieser Region wissen möchte, hat dazu an den Wochenenden Gelegenheit. Dann führen Sattler, Wagner und Schuster alte Handwerkstechniken vor. Kulturvermittler erzählen über den Arbeitsalltag der Tagelöhner, die Bauern-Heiligen, die damalige Hygiene, wie Wäschewaschen funktionierte und wie der Schulunterricht ablief.

Der Initiator des Weinviertler Bauerndorfs ist der Kirchenrestaurator Pepi Geissler aus Niedersulz, der von Jugend an sakrale und bäuerliche Kulturgegenstände aus seiner Heimat sammelte – bis hin zu ganzen Häusern. Die rund 80 Objekte des Museumsdorfs wurden aus verschiedenen Teilen des Weinviertels zusammengetragen und so authentisch wie möglich wiederaufgebaut.

Viele Naturliebhaber kommen auch gerne immer wieder, um die bunt blühenden Bauerngärten mit Kräuter- und Gemüseraritäten zu bewundern. Die Grünanlagen werden durch einen Kürbisacker, eine Streuobstwiese und historische Weinstockkulturen ergänzt. Auf dem grünen Areal wachsen rund 340 verschiedene alte Obstbaumsorten. Irgendwie hat man das Gefühl, die Bewohner haben das Dorf nur kurz verlassen. Der Misthaufen dampft, Tische sind gedeckt, die Betten wirken wie frisch aufgeschüttelt und Werkzeuge liegen herum …

● Weinviertler Museumsdorf Niedersulz, Niedersulz 250, 2242 Niedersulz,
Tel. +43 (25 31) 3 33, www.museumsdorf.at
● ÖPNV: Haltestelle Niedersulz Museumsdorf

Die Lebensfreude füttern

45 Glückstraining in Kirchstetten

Hier kommt man dem Glück auf die Spur. Die Biologin Berit Manninger beschäftigt sich schon seit vielen Jahren mit diesem Thema. Als ihre drei Kinder selbstständiger wurden, beschloss sie, die Lebensfreude, die sie in sich trägt, an andere weiterzugeben. Sie machte eine Ausbildung zur Glücks- und Mentaltrainerin und arbeitet seitdem mit Kindern, Jugendlichen und Erwachsenen (privat und in Unternehmen). Die Niederösterreicherin ist überzeugt, dass jeder Mensch die Chance hat, glücklich zu sein und seinem Glück auf die Sprünge zu helfen.

Für Manninger kommt es stets auf den Fokus, die innere Einstellung zu den Dingen an. Auch wenn die äußeren Umstände es einem nicht leicht machen, kann man sich immer wieder neu ausrichten: hin zum Positiven, zur Lösungsfindung. Im Einzeltraining oder in Workshops lernen die Teilnehmer, ihre inneren Glaubenssätze zu erkennen und zu verändern, ihre Werte, Stärken und Kraftquellen zu identifizieren und aus ihnen zu schöpfen. Bei ihrer Arbeit mit Volksschülern realisiert die Glückstrainerin, dass vor allem die Jüngeren noch ganz genau spüren, was sie glücklich macht. Meistens sind es keine materiellen Dinge, sondern Zeit mit der Familie. Und sie wissen auch, dass sie ihres eigenen Glückes Schmied sind.

Menschen auf Glückssuche gibt sie mit, „sich durch nichts und niemanden die Freude am Leben nehmen zu lassen" und dass alles, was sie suchen und brauchen, in ihnen vorhanden ist. Arbeit kann im Übrigen ebenfalls eine sprudelnde Kraftquelle sein. Berit Manninger sagt, von dem Glück, das sie auszusenden versuche, bekomme sie auch selbst viel zurück. Aber ist das Glück „a Vogerl", bleibt es nur für einen kurzen Moment, um dann wieder wegzufliegen? Die Biologin schmunzelt: „Mit dem richtigen Futter kann man es anlocken, dass es zur richtigen Zeit wieder auftaucht." Unter dem Strich bedeutet Glück aber viel mehr: eine dauerhafte Zufriedenheit und Dankbarkeit – mit Glücksmomenten dazwischen; darüber hinaus die Fähigkeiten, mit Schwierigkeiten gut umgehen zu können. Und die kann man in Kirchstetten trainieren.

....

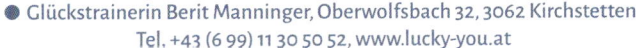

● Glückstrainerin Berit Manninger, Oberwolfsbach 32, 3062 Kirchstetten,
Tel. +43 (6 99) 11 30 50 52, www.lucky-you.at

Ein buntes Naturspektakel

46 ### Das Mohndorf Armschlag

Wer sich die gesamte Glücksdosis auf einmal verabreichen möchte, der kommt am besten im Juli – und nimmt sich Zeit für einen Morgenspaziergang. Denn dann erwacht auch der Mohn: Auf den Feldern rund um Armschlag, einer Anbaufläche von insgesamt 15 Hektar, öffnen sich unzählige Blüten und bilden die Bühne für ein einzigartiges Naturspektakel in den Farben Weiß, Rosa, Pink, Rot und Lila. Jede Blüte lebt nur einen Tag. Am Abend fallen die Blütenblätter ab und am nächsten Morgen öffnen sich neue Knospen. Das Schauspiel zieht sich – je nach Wetter – etwa über zwei Wochen hin. Bei Mohn denkt man meist an Klatschmohn. Doch der ist eigentlich ein Saatunkraut. Im Waldviertel wird Speisemohn angebaut: Grau-, Blau- und Weißmohn.

Im Dorf dreht sich alles um den Mohn, der auch ein Symbol für Glück, Liebe, Kraft, Segen und Fruchtbarkeit ist. Aus einem einzigen Samenkorn wachsen in der Kapsel etwa 4000 bis 5000 neue Körner heran. Hier malte der Künstler Karl Moser das wahrscheinlich längste Mohnbild der Welt. Es entstanden ein Mohnlehrpfad, ein Mohnerlebnisspielplatz. Im Mohngarten blühen mehr als 30 verschiedene Arten von Ziermohn. Ein ungenutzter Stadl in der Dorfmitte wurde zum Mohnbauernladen, in dem die Familienbetriebe ihre Produkte anbieten: den Mohn selbst, Öle, Honig, Schokolade, Fruchtaufstrich, Schnäpse – alles mit Mohn, eine Pflegeserie (Mohnseife, Körpermilch mit Mohnöl, Mohnbadesalz und vieles mehr) sowie regionales Kunsthandwerk.

Und dann gibt es noch den Mohnwirt Neuwiesinger. Johann Neuwiesinger III. hatte 1989 die Idee, aus dem Dorf ein Mohndorf und aus dem Gasthaus ein Mohnwirtshaus zu machen. Dort werden neben Klassikern süße und pikante Spezialitäten mit Graumohn serviert: köstliche Knödel, Oberstorte, Auflauf mit warmer Kirschsauce, Mohn im Hemd, Nudeln und Eis, Schafskäse mit Mohnölpesto oder Karpfen in der Mohnkruste. Die ofenfrischen Mohnzelten aus der hauseigenen Mohnzelterei nimmt man sich am besten mit nach Hause. Denn dann hat man später auch noch ein klein wenig Mohnglück.

....
● Mohndorf Armschlag
● Mohnwirt Neuwiesinger, Armschlag 9, 3525 Armschlag, Tel. +43 (28 72) 74 21
www.mohnwirt.at
● ÖPNV: Haltestelle Armschlag Ort

Kunstvolle Körperpflege

47 Das Welcome Center von Styx Naturcosmetic

Im Most- und Waldviertel hatten die Bauern früher einen Geheimtipp, wenn es um die Pflege ihrer strapazierten Hände ging: Nach getaner Feldarbeit rieben sie diese ganz unspektakulär mit dem Saft roher Kartoffeln ein. Der Naturkosmetikhersteller Styx nahm diese Tradition auf und entwickelte einen Kartoffel-Handbalsam, der zu einem Verkaufsrenner wurde. Im Welcome Center in Ober-Grafendorf kann man die gesamte Produktpalette sehen, riechen und testen, die seit dem Gründungsjahr 1965 entstanden ist.

Der Großteil der Rohstoffe stammt aus Österreich. Importiert werden beispielsweise spezielle Öle oder das Aloe-Vera-Extrakt. Zu entdecken gibt es so spannende Dinge wie Hanf-Körpercreme, CBD SOS Gesichtsfluid, feste Dusche mit Mohn, Lavendel-Zitronen-Duschgel oder ein Kamasutra-Schaumbad – insgesamt mehr als 700 verschiedene Produkte. Im Center kann man aber nicht nur einkaufen. Im Rahmen des Projekts „Kunst & Pflege – (K)EIN Widerspruch!?" wird ausrangiertes Verpackungsmaterial konstruktiv für Skulpturen wiederverwendet. Der Künstler Krassimir Kolev, dessen Malereien auf speziellen „Kunst der Körperpflege"-Verpackungen zu sehen sind, zeichnet dafür verantwortlich. Dem größten und einzigen Naturkosmetikhersteller Österreichs ist Transparenz sehr wichtig. Er bietet seinen Gästen in den weitläufigen Ausstellungsräumen einen ausführlichen Einblick in die Unternehmensgeschichte, die Welt der Kräuter und hinter die Kulissen der nachhaltigen Produktion. In einer speziellen Tour führt Wolfgang Styx, der Chef des Familienunternehmens, die Besucher sogar persönlich.

Styx macht aber nicht nur die Fans von Naturkosmetik glücklich, sondern auch die Liebhaber von Süßigkeiten. Seit 2011 betreibt die Firma auch eine eigene Schokoladenmanufaktur. Es begann mit einem Experiment: Man mischte hochwertiges ätherisches Rosenöl mit feiner Bitterschokolade und das Resultat war einfach köstlich. Es folgten Marillenpralinenriegel und Dirndlschokolade sowie viele weitere verführerische Kreationen.

TIPP

Beim Bahnhofsbräu im ehemaligen Bahnhof gibt es hauseigenes Bier.

● Styx Naturcosmetic, Am Kräutergarten 6, 3200 Ober-Grafendorf,
Tel. +43 (27 47) 32 50, www.styx.at
● ÖPNV: Bahnhof Ober-Grafendorf

Urgemütlich und kreativ

48 Die Gaststätte Der Floh in Langenlebarn

Schon der Blick auf die Homepage zeigt, dass es sich bei dieser Gastwirtschaft um einen außergewöhnlichen Ort handelt. Josef Floh führt das Lokal in dritter Generation und ihm gehen die Ideen nicht aus. Der Topkoch liebt es, Neues auszuprobieren und zu entwickeln. Schon der Hausname inspirierte ihn zu kreativen Bezeichnungen wie dem Flühstück, dem Online-Shop Flohmarkt, dem Floh to go oder dem Flohcast. Bei Letzterem unterhält sich der Chef mit Menschen, die ihn begeistern und beeindrucken.

Der Floh in Langenlebarn ist einfach urgemütlich. Den besonderen Charme des Hauses macht auch aus, dass die Kartenspieler am Stammtisch durchaus einmal eine Wurstsemmel bestellen können. Die liebevoll und zum Teil von Hand gestaltete Speisekarte besticht durch Originalität, Saisonalität und Regionalität. Die Gerichte aus Garten, Feld & Wiese, dem Wasser oder das „Fleisch, ganz sicher" heißen Impressionismus by Monet (Superschmelz-Kohlrabi – geschmort & Creme, Eukalyptus-Öl aus Patrizias Garten, Couscous-Salat mit Rosinen, Kurkuma & Schalotten), Farbgewitter (Gold-Beetrübenragout & Cime di Rappa, geschmorter Paradeispaprika vom Stekovics, Bio-Bergforelle von Heinz Heinisch) oder WaidmannsHeil (Wild aus der Tullnerfelder Au).

Die meisten Produkte, vorwiegend bio, stammen aus dem Umkreis von 66 Kilometern, was der Slogan „Radius 66" verdeutlicht. Dies gilt übrigens auch für das Mobiliar der Gaststube. In der Region gibt es viele hervorragende Gemüse- und Getreidebauern, die alte Sorten kultivieren. Die persönliche Beziehung zu seinen Lieferanten und ein verantwortungsvoller Umgang mit der Natur sind Floh ein wichtiges Anliegen. Zu den Produzenten, denen der Gastronom von Herzen vertraut, gehört Erwin Gegenbauer, den er Essigflüsterer nennt. Josef Floh liebt gutes Essen und will seine Passion auch an die Jüngeren weitergeben. Anlässlich der Geburt seines Sohnes hat er ein Kinderbuch geschrieben und will die Jüngsten auf den Geschmack bringen. Und er liebt Wein! In seinem Keller lagern rund 20.000 Flaschen.

TIPP

Der schönste Weg zum Floh führt übers Wasser via Vienna Boat Charter.

● Der Floh, Tullnerstraße 1, 3425 Langenlebarn, Tel. +43 (22 72) 6 28 0
www.derfloh.at
● ÖPNV: Bahnhof Langenlebarn (1 Kilometer zu Fuß)

Mit Zita fing es an

49

Das Nostalgiepostamt Küb

Ein Postamt als Glücksort? In einer Zeit, in der man sich für das Versenden von Mitteilungen nirgendwo mehr hinbewegen muss und nur noch ein Handy braucht, in der die Pakete von zu Hause abgeholt werden können? Doch unbedingt – denn gerade jetzt erwärmt ein wenig Nostalgie das Herz. Im aufstrebenden Fremdenverkehrsort Küb an der Semmeringbahn wurde 1905 ein Postamt eröffnet. Bis heute ist es weitgehend in seinem früheren Erscheinungsbild erhalten und Österreichs einziges historisches Postamt.

Doch wieso gerade in Küb? Damit hat Kaiserin Zita zu tun. Sie verbrachte viel Zeit bei den Erzherzögen in Schloss Wartholz im nahen Reichenau. Eine vertraute Bedienstete wohnte im Haus Küb Nummer 7 bei der Familie Lechner. Weil Zita keine Lust mehr hatte, mit ihrer Vertrauten immer nur über Boten zu kommunizieren, forderte sie die Einrichtung einer Telefonleitung. Der Hausbesitzer Alois Lechner erkannte das Potenzial der noch jungen Technik und erklärte sich bereit, sein Haus für eine Vermittlungsstelle zur Verfügung zu stellen. Doch es blieb nicht bei der Telefonvermittlung. Da nun schon einmal Raum vorhanden war, wurde gleich ein Postamt daraus, das die ersten Jahre nur im Sommer in Betrieb war. Lechner blieb bis 1942 Postmeister. 1966 übernahm Anna Tscharnuter die Leitung und wurde in ganz Österreich zum Gesicht der Post. 2004 wurde die Post geschlossen und aus dem Haus Nummer 7 ein Museum.

Bei der Modernisierung blieb das historische Interieur bestehen. Es kamen sogar noch k.u.k.-Einrichtungsgegenstände aus dem aufgelassenen Postamt Semmering-Südbahnhotel (von 1902) hinzu. Das Highlight der Semmeringer Stücke ist eine Schalterwand aus der Zeit der Jahrhundertwende mit kunstvollen Milchglaseinsätzen; Originale sind auch der Parteienschreibtisch und die Telefonzelle. 2006 wurde für die Besucher eine Postservicestelle eingerichtet. Es dürfen Ansichtskarten und Briefmarken verkauft werden. Und das Postamt hat sogar einen eigenen Poststempel sowie eine Küber Postmarke bekommen.

TIPP

Die Barbarakapelle auf einem freien Feld steht unter Denkmalschutz.

● Nostalgiepostamt Küb, Küber Straße 28, 2671 Küb, Tel. +43 (26 66) 5 24 23 17
www.payerbach.at/index.php/nostalgiepostamt-in-kueb
● ÖPNV: Bahnhof Küb (10 Minuten zu Fuß)

Der geheimnisvolle Stein

50 Wanderung durch das Haslauer Moor

Was für ein Glück! Während Moorgebiete in ganz Österreich auf dem Rückzug sind, kann das Waldviertel gleich mit mehreren dieser ökologisch so wertvollen Feuchtgebiete aufwarten: dem Heidenreichsteiner Moor, dem Schremser Moor, dem Hochmoor Meloner Au und dem Haslauer Moor. Durch das rund 30 Hektar große Haslauer Moor führt der Rundwanderweg „Pfad" zu den schönsten Plätzen des Moors. Bis 1980 wurde hier Torf gestochen. Die Torfziegel dienten als Brennstoff für die Glashütte. Noch sind die beiden wassergefüllten Stichteiche erkennbar, doch das Moos erobert sie gerade Zug um Zug. Am besten bricht man frühmorgens auf, wenn das Moor erwacht. Die Wanderung durch das Moor hat etwas Märchenhaftes. Es riecht unendlich intensiv und die Augen wissen gar nicht, wo sie zuerst hinschauen sollen: Birken, Kiefern, Moospolster und wer aufmerksam ist, kann inmitten von all dem vielen Grün im Frühjahr sogar Moorfrösche sehen, die sich während der Balzzeit blau färben.

Bei Amaliendorf stößt man in einem lichten Nadelwald auf den berühmten Wackelstein. Der sieht ein bisschen wie ein überdimensionaler Helm aus und gilt als das geheimnisvollste Monument des Waldviertels. Trotz seiner 105 Tonnen Gewicht kann nur ein einziger Mensch diesen gewaltigen Granitbrocken in Schwingung bringen. Der runde Riese liegt auf einem flachen Stein auf und wackelt nur, wenn man exakt eine bestimmte Stelle drückt und ihn dadurch in Schwung bringt. Faszinierend: Der Wackelstein und die ihn umgebenden kleineren Steine sind bereits Millionen Jahre alt. Für die Strecke von ungefähr 11 Kilometern sollte man etwa eine Zeit von 3 Stunden einrechnen. Zum Schutz des Areals führt die Wanderung an vielen Stellen über Holzstege und Brücken. In das Moor sind auch Plattformen hineingebaut, die einen freien Blick auf die Naturlandschaft ermöglichen. Wer nicht so lange unterwegs sein möchte, geht auf dem Wackelsteinweg zwischen Schrems und Amaliendorf-Aalfang in etwa 1 Stunde direkt zu dem schwingenden Granitfelsen.

TIPP

Jährlich findet im Juli das Wackelsteinfestival um die Felsformation statt.

● Haslauer Moor, 3872 Amaliendorf-Aalfang

Große Welt ganz klein

51 Die Zinnfigurenwelt in Katzelsdorf

Und dann packt sie einen überraschend schnell: die Faszination für kunsthandwerkliche Miniaturen aus Zinn. In dem hübschen Ort Katzelsdorf muss man sich prompt von dem Klischee verabschieden, dass Zinnfiguren nur Zinnsoldaten sind. Auf 1200 Quadratmetern Ausstellungsfläche wird man in viele Mikrokosmen entführt: Die Protagonisten sind Einzelfiguren als 30-Millimeter-Flachfiguren oder dreidimensionale Rundfiguren, oftmals zu Dioramen (Schaubildern) angeordnet, aus allen Epochen der Geschichte. Im zweitgrößten Zinnfigurenmuseum Europas werden in beeindruckenden Panoramen historische Ereignisse wie die Türkenbelagerung vor Wien nacherzählt. In der Schlacht von Sacile sind 3000 Figuren auf 12 Quadratmetern aktiv. 35.000 Figuren (die kleinsten sind nur 1 Millimeter groß) kann man sich ansehen.

TIPP

Der Genussbauernhof Böhm ein paar Häuser weiter in der Hauptstraße 86.

Rund 400.000 (!) hat Museumsleiter Franz Rieder noch in seinem Depot. Damit die Fans immer etwas Neues geboten bekommen, wechselt er etwa ein Drittel der Ausstellung einmal im Jahr aus. Zinnfiguren zogen Mitte des 18. Jahrhunderts in die Kinderstuben der gehobeneren Schicht ein. Sie wurden von den Kandelgießern produziert, denen das Geschäft wegbrach, weil sich das günstigere Steingut durchsetzte. Heute sind sie ein beliebtes Sammlerobjekt. In Katzelsdorf kommt man aus dem Staunen nicht mehr heraus. Was es alles aus Zinn gibt! Charaktere von Charles Dickens, die vier Jahreszeiten als meisterhaft bemalte Damen im Stil des Jugendstil-Künstlers Alfons Mucha, Hollywoodlegenden wie Gary Cooper, Sean Connery oder Marilyn Monroe. Allein der Sparte Literatur und Märchen sind 30 Schaubilder gewidmet – von Hänsel und Gretel über die Drei Musketiere bis hin zu Jedermann. Mit Asterix und Obelix kann man sogar eine Partie Schach spielen.

Hier werden Zinnfiguren nicht nur aus-, sondern auch hergestellt – jedes Jahr rund 20.000 Stück. Die Aufträge kommen aus der ganzen Welt. Die Werkstatt, die einzige Zinnfiguren-Schaugießerei Österreichs, arbeitet mit über 1000 Formensteinen. Diese sind zum Teil über 100 Jahre alt.

● Zinnfigurenwelt, Hauptstraße 69, 2801 Katzelsdorf/Leitha, Tel. +43 (26 22) 7 82 50
www.zfw-katzelsdorf.at

Das Mostviertel im Glas

52 Schloss-Hotel an der Eisenstrasse

Landauf, landab gibt es Hotels, die sind nur Herbergen – oder durch ein aktuelles Lifestyle-Konzept austauschbar. Es gibt aber auch Häuser, in denen sich noch im kleinsten Detail die Liebe zur Historie und zur Region widerspiegelt. Im Schloss an der Eisenstrasse in Waidhofen an der Ybbs weiß man in jedem Moment, wo man sich aufhält: im Mostviertel, dem wohl größten Obstbaumgebiet Europas. Dafür zeichnet die Inhaberfamilie Scheiblauer verantwortlich, die auch dafür sorgt, dass man eine riesige Bandbreite an Gourmetmosten, Fruchtsäften, Likören und Bränden verkosten und genießen kann.

Ihr Hotel, das sogenannte Zeller Schloss, wurde Anfang des 17. Jahrhunderts auf einem Felsen am rechten Ybbs-Ufer erbaut. Zu Beginn des 20. Jahrhunderts war es ein nobles Kurhotel für Sommerfrischler, bevor es andere Nutzungen erfuhr und schließlich in einen jahrzehntelangen Dornröschenschlaf verfiel. Anfang des 21. Jahrhunderts wurde es durch Modernisierungen, eine Erweiterung und eine Generalsanierung zu neuem Leben erweckt und bietet nun den perfekten Rahmen für nahezu jeden Anlass: Seminare und Tagungen, Wellness, Urlaub, heiraten, gut essen und schlafen. Im historischen Hotelkern kann man in romantischen Turmsuiten nächtigen.

TIPP

Das benachbarte Erlebnisparkbad ist ein Eldorado für Wasser- und Badefans.

Von der Terrasse der Sundowner Bar hat man einen tollen Blick auf das Schloss Rothschild am anderen Ybbs-Ufer. Neben Cocktail-Klassikern stehen kreative Variationen mit regionalen Spirituosen auf der Karte. Hier bekommt man das Mostviertel sozusagen im Glas serviert – als Birnenzauber, Apro-Brous oder Zigarrenbombe. Und im Restaurant kann man sich sogar einen eigenen Schnaps am Tisch brennen. Bei der Vorspeise wird das Feuer des Kupferkessels entzündet, zum Dessert ist der selbst gemachte Edelbrand bereits fertig. Seniorchefin Marianne Scheiblauer brennt selbst Schnaps. Ihre Edelbrände wurden mehrfach ausgezeichnet. Neben dem Schloss führt die Familie ein weiteres Hotel an der Ybbs: das RelaxResort Kothmühle in Neuhofen. Es ist umgeben von einem riesigen Garten und vielen Obstbäumen.

● Schloss an der Eisenstrasse, Am Schlossplatz 1, 3340 Waidhofen an der Ybbs, Tel. ↓43 (74 72) 5 05, www.schlosseisenstrasse.at
● ÖPNV: Bahnhof Waidhofen (1 Kilometer zu Fuß)

Wie aus dem Bilderbuch

53

Die Café-Konditorei Ullmann in Baden

Gleich gegenüber dem Eingang zum zauberhaften Doblhoffpark befindet sich das Schlossergässchen. Vom Schanigarten der traditionsreichen Café-Konditorei Ullmann aus kann man zwei Perspektiven genießen: die malerische Gasse und den Blick auf üppige Blumen und Grün. Baden bei Wien blickt als Stadt der Gartenkultur auf eine lange Geschichte zurück. Der mehr als 9 Hektar große Doblhoffpark mit dem größten Rosarium Österreichs zieht nicht nur Rosenliebhaber an. Die 30.000 Rosenstöcke in mehr als 800 Sorten tragen so klingende Namen wie Goldmarie oder Kaiserin Elisabeth und beglücken Augen wie Nase. Seit 2019 wird der Park auch für die jährlich stattfindende Fotoausstellung La Gacilly genutzt, eine Open-Air-Galerie mit einer gewaltigen Dimension. Einmal im Jahr zeigen die besten Fotografen der Welt

TIPP

Eine Bootsfahrt auf dem idyllischen Teich im Doblhoffpark.

unter einem bestimmten Motto großformatige Bilderwelten auf 7 Kilometern Länge im öffentlichen Raum. Das Festival findet in österreichisch-französischer Zusammenarbeit statt. Die Schau aus La Gacilly wird im jeweiligen Folgejahr in Baden gezeigt. Im Park bilden Garten- und Fotokunst eine fantastische Synthese. Vom Sommer bis in den Herbst hinein prangen 1500 Fotografien in Gartenanlagen und auf Häuserfassaden.

Eine davon ist das Café Ullmann – ein gemütliches österreichisches Biedermeier-Kaffeehaus wie aus dem Bilderbuch. Seit 1873 wird es in sechster Generation von der Familie Enderlin geführt. Es besticht durch ein wohltuend authentisches Flair. In der Theke werden hausgemachte Pralinen, Torten und Gebäck präsentiert – und natürlich die berühmten Kaffeebonbons im Retrolook in unterschiedlichen Verpackungen. Diese werden bereits seit 1880 in Baden hergestellt. Ob drinnen oder draußen – bei einem verlängerten Braunen oder Häferlkaffee mit einem Stück Cremeschnitte oder einer Mehlspeise dazu kommt man ins Gespräch: Und ist sich schnell einig, dass Baden mit seinem vielfältigen kulturellen und kulinarischen Angebot immer wieder eine Reise wert ist.

● Cafe-Konditorei Ullmann, Schlossergäßchen 16, 2500 Baden bei Wien, Tel. +43 (22 52) 4 86 65
● ÖPNV: Bahnhof Baden (1,3 Kilometer zu Fuß)

Automobile Schätze

54 Das Oldtimer Museum in Wiener Neustadt

Selbst der Taxifahrer kennt ihn nicht – diesen Glücksort inmitten von Discountern, Schnellrestaurants und Shoppingcentern. Dabei begeistert das Oldtimer Museum im Gewerbegebiet von Wiener Neustadt nicht nur Autofans und Insider geradezu hochtourig. 50 bis 70 automobile Schätze stellen Friedrich Fehr und Sohn Ronald, die seit mehr als 40 Jahren sogenannte Classic Cars sammeln, hier auf zwei Etagen glanzvoll zur Schau. Darunter sind Youngtimer (ab 20 Jahre), Oldtimer (ab 30 Jahre) und noch ältere Veteranen wie das Austro Tatra 12 Cabriolet aus dem Jahr 1928 oder ein Rolls-Royce 20 HP Landaulette (Baujahr 1929) im Erstbesitz von König George VI.

Absolute Highlights sind beispielsweise der S 3 Saloon (Baujahr 1963), dessen Erstbesitzer Frank Sinatra war, oder der Jaguar 340 Salon von 1968, den sich der Schauspieler Fritz Muliar gekauft hat. Das Herz höherschlagen lassen aber auch wunderschöne Klassikerkarossen wie ein Mercedes 180 D W120 mit Faltschiebedach von 1960, eine Corvette Stingray, ein Ford Mustang Fastback oder ein Austin A40 (englisches Taxi). Wer möchte, kann in einem Triumph Spitfire Platz nehmen und sich darin fotografieren lassen. Einmal im Jahr findet jeweils eine viel beachtete Ausstellung statt – bislang zu Porsche-, Steyr- oder BMW-Fahrzeugen.

Einen guten Überblick auf die chromglänzenden Karossen hat man im Restaurant Route 66, das nur durch eine Glasscheibe vom Ausstellungsraum getrennt ist. Doch woher kommt die Autoleidenschaft der Fehrs? Der Senior hat, bevor er ein Hotel- und Gastro-Imperium aufbaute, als Kfz-Mechaniker gearbeitet und seine Leidenschaft für Autos ohne Automatik entdeckt. Sein Sohn hat sie übernommen. Beide wollten eigentlich ein Museum für ihre Classic Cars bauen, doch schließlich kauften sie ein leer stehendes Gebäude in der Stadionstraße, dessen Statik perfekt war. Sie wollten kein Museum schaffen, wo alles verstaubt, sondern das nicht zuletzt auch durch das Restaurant lebt. Die ausgestellten Autos werden ständig gewechselt und gefahren.

● Oldtimer Museum, Stadionstraße 36 a, 2700 Wiener Neustadt,
Tel +43 (2622) 2 84 11, www.fehrsclassiccars.at
● ÖPNV: Haltestelle Stadionstraße

Ziesel und weiße Barockesel

55 Der Gutshof von Schloss Hof

Das ganze Areal scheint in Bewegung: Hier, dort und da flitzen possierliche Tierchen über den Rasen, tauchen in die Erde ab oder machen Männchen, sondieren neugierig das Terrain. Die Ziesel, die kleinen Geschwister der Erdmännchen, haben das Gelände des Gutshofs von Schloss Hof erobert. Für die Gäste sind sie eine Attraktion. Weil sie 5 bis 7 Zentimeter tiefe Löcher graben, sind sie von den Gärtnern allerdings nicht so gern gesehen. Der barocke Gutshof ist einer der größten noch erhaltenen Meierhöfe in Europa und wird von Familien und Tierliebhabern gerne besucht.

Vor allem seltene Rassen kann man hier beobachten: Kärntner Brillenschafe oder Steinhendl, die für das Barock typischen, äußerst zutraulichen weißen Esel: Die halten schon mal eine knallorange Bluse für eine große, weiche Karotte und versuchen, vorsichtig daran zu knabbern. Europaweit existieren davon nur noch wenige Hundert Exemplare. Auf der Koppel daneben nähern sich die größeren andalusischen Esel neugierig dem Zaun. Außerdem leben hier unter anderen noch Trampeltiere, Lamas, Alpakas, Vierhornziegen, Lipizzaner sowie Noriker, die kräftigen, ausdauernden Kaltblutpferde, und es gibt einen Streichelzoo. Als Familie kann man locker einen ganzen Tag auf Schloss Hof verbringen, ohne dass es langweilig wird. Nach dem Rundgang durch den Tierpark relaxt man in einem Liegestuhl oder kehrt im Restaurant Zum weißen Pfau ein. Und da stolziert doch tatsächlich ein prächtiger Pfauenvogel zwischen den Tischen herum.

Schloss Hof gilt als größtes und prächtigstes der fünf Marchfeldschlösser. Für Prinz Eugen von Savoyen wurde von 1725 bis 1729 ein Renaissance-Kastell auf einem Hügel zu einem der schönsten Barockschlösser Österreichs umgebaut. Maria Theresia erwarb es 1755 und baute es erneut aus. Die weitläufigen Parkanlagen, die über sieben Terrassen zum Fluss March hin abfallen, laden zum ausgiebigen Flanieren ein. Auch einen Rundgang durch die Prunkräume der Sommerresidenz der Habsburger sollte man sich nicht entgehen lassen.

TIPP

Am 1. Mai findet eine barocke Tierparade statt.

....

● Schloss Hof, Schloßhof 1, 2294 Schloßhof, Tel. +43 (22 85) 2 00 00
www.schlosshof.at
● ÖPNV: Haltestelle Schloss Hof

Personalisierte Pferde

56 Die Kunsttischlerei Nejdl & Huserek in Staatz

Was für eine verzaubernde Tradition, die nicht nur Kinderaugen leuchten lässt! Im Weinviertel praktiziert die Kunsttischlermeisterin Maria Huserek eine alte Handwerkskunst: Sie baut und restauriert Schaukelpferde nach historischen Vorlagen. Mit ihrem Bruder Josef Nejdl hat sie in der dritten Generation vor mehr als 20 Jahren einen vom Großvater gegründeten Betrieb übernommen. Dessen Spezialität ist die detailgetreue Restaurierung von Stilmöbeln, Fenstern, Türen und Toren sowie vielem mehr. Für die Schaukelpferde ist Maria Huserek zuständig. Sie fertigt zwei verschiedene Modelle: ihr eigenes und das echte Wiener Schaukelpferd aus der Werkstatt von Ferdinand Bauer, der die Produktion aus Altersgründen aufgegeben hat. Es gibt einen gewichtigen Unterschied: Die mit Heu gestopften Stadtpferde aus Papiermaschee sind leichter. Schließlich mussten die Hutschperderl, wie sie in Wien genannt wurden, schon mal in den vierten Stock getragen werden. Die Huserek-Pferde standen und stehen dagegen eher in Gärten auf dem Land und dürfen daher schwerer sein. Sie werden als Hohlkörperpferde aus Massivholz gearbeitet – individuell nach den Wünschen der Kundschaft. Ob der Haflinger der Tochter oder der Traber des Opas: Die Meisterin malt auch Pferde nach Fotos und stilisiert sie zum personalisierten Schaukelpferd.

Maria Huserek hat die Tischlerei im Blut. Schließlich ist sie quasi in der Werkstatt aufgewachsen und hat den Umgang mit Holz vom Großvater und Vater gelernt. „Mein Gitterbett stand neben der Hobelmaschine", sagt sie. Es ist eine Freude, der Niederösterreicherin bei der Arbeit zuzusehen. Hier geht es immer um Präzision, Perfektion, die Passion für den Werkstoff Holz sowie besondere Möbelstücke und deren Geschichte. Der Opa hatte in den 1930er-Jahren begonnen, Schaukelpferde zu bauen – als Weihnachtsgeschäft. Heute kann man sie sich als Kinderwippe mit Fußplatte, einem Sitz mit Lehne und einem aus Vollholz geschnitzten Kopf bestellen, was die preisgünstigste Variante darstellt. Dann gibt's noch die kostspieligere Version mit Rädern, die abmontiert werden können, und einem mit Kalbfell überspannten Korpus.

⬤ Nejdl & Huserek, Meierhofgasse 1, 2134 Staatz-Kautendorf, Tel. +43 (25 24) 23 29
www.schaukelpferd.at

Wach geküsst

57

Das Schloss Coburg in Walterskirchen

Sie hat so viele Berufe – und Berufungen: Silvie Sachsen-Coburg und Gotha, die das Familienschloss ihres Mannes wach geküsst hat. Das Schloss Walterskirchen, nach seinen heutigen Besitzern auch Schloss Coburg genannt, ist eine denkmalgeschützte Vierflügelanlage in barockem Stil, die 1683 unter Verwendung eines mittelalterlichen Mauerkerns errichtet wurde. Es liegt malerisch inmitten einer Parkanlage in Walterskirchen. Das Schloss im Weinviertel wurde lange nicht bewohnt und befand sich im Dornröschenschlaf. Doch es war bereit, zu einem Glücksort zu werden – zu einem „Platz, wo die Menschen zu sich selbst finden", sagt die Schlossherrin. Hier bietet die Kräuterpädagogin, Yogalehrerin, Kunsthandwerkerin, Gartenbäuerin, Malerin und Lebenskünstlerin nun Retreats, Yoga-Kurse, Malworkshops mit Farben aus der Natur, Kräuterspaziergänge, Frauenkreise, Kleidertauschaktionen, Jahreskreisfeste, Schwitzhütten und noch viel mehr an. Sie selbst lebt mit ihrer Familie in einem Nebengebäude, dem Meierhof. Dieser war einmal das Wirtschaftsgebäude des Schlosses.

TIPP

Im nahen Ort Poysdorf dreht sich alles um den Wein.

Als Präsidentin des Vereins Nemetona hat sich Silvie Sachsen-Coburg und Gotha hehren Zielen verschrieben wie beispielsweise „die Natur als einzigartiges Geschenk zu erkennen, sich darauf zu besinnen, was im Leben wichtig ist, Lebensfreude zu verstärken, den Jahreskreis zu verstehen und altes Wissen und Kulturgut zu vermitteln". Der fast 4 Hektar große Park und das gegenüberliegende Grundstück sind Teil eines Verwilderungsprojektes, bei dem es darum geht, nativen Pflanzen, Tieren und Insekten Raum zu geben, die Natur der Natur zurückzugeben. Ein englischer Rasen ist jetzt tabu.

Für die ehemalige Globetrotterin ist dieser Ort inzwischen – wie für viele andere – zu einem eigenen Kraftplatz geworden. Und er inspiriert sie immer wieder neu. Die Mutter von drei Kindern sprudelt vor Ideen, was sie hier im Zuge und nach der Renovierung des Schlosses noch alles erschaffen möchte. Dazu gehört ein spiritueller Wanderweg durch den Park.

● Schloss Coburg, Großkruterstraße 9, 2170 Walterskirchen, Tel. +43 (65 0) 6 01 28 94
www.vereinnemetona.com

Peppersweet mit Panorama

Die Käsemacherwelt in Heidenreichstein

Alles Käse hier? Nein, bei Weitem nicht! In der Käsemacherwelt im nordwestlichen Waldviertel werden auch Gemüse und Früchte für Antipasti vorbereitet und verarbeitet. Der Peppersweet ist der Star. Der Kirschpaprika ist eine eigene Züchtung und beliebt wegen des knackigen Bisses und des milden, süßlichen Geschmacks. Innendrin darf Käse, in diesem Fall Frischkäse, natürlich nicht fehlen.

In der Erlebniswelt der Käsemacher in Heidenreichstein kann man auf kulinarische Entdeckungsreise gehen – in der Schaumanufaktur, im Restaurant und im Shop. Eine Führung beginnt mit einem kleinen Film im hauseigenen Kino, der das Unternehmen, die Arbeit und die Lieferanten näher vorstellt. Dann ermöglichen Glasflächen einen guten Blick auf die Antipasti-Herstellung. In der Minikäserei werden die Produktionsschritte von der Milch bis zum Käse erklärt. Doch es geht alles andere als theoretisch zu. An verschiedenen Stationen gibt es Kostproben der Spezialitäten – wie etwa vom beliebten Waldviertler Selchkäse, der über Buchenholz geräuchert wurde. Wer jetzt so richtig Appetit bekommen hat, kann sich im Restaurant Kaskuchl ausgewählte Käsegerichte und Spezialitäten servieren lassen.

Geschäftsführerin Doris Ploner hat den Betrieb als 25-Jährige von ihrem Vater übernommen. Unternehmensgründer Hermann Ploner wuchs auf einem Bauernhof auf und richtete sich eines Tages eine Käsekammer ein. Er mischte Kuh- und Schafsmilch für seine Frischkäseprodukte. Doris war oft mit dabei, wenn der Papa seine Käseexperimente machte. Aus kleinsten Anfängen (Waldviertler Bauernkäserei) entwickelte sich ein Unternehmen, das immer noch in Handarbeit herstellt, aber inzwischen weltweit exportiert. Die Chefin sagt: „Viel Liebe, unsere Tradition und die beste Milch von Waldviertler Schafen und Ziegen sind die wichtigsten Zutaten für unsere vielfältigen Käsesorten." Ein Besuch macht aber nicht nur Käse-Fans glücklich. An diesem Ort kann man einfach nur entspannt ins Grüne schauen; außerdem gibt es einen Teich, Platz zum Spielen und einen Streichelzoo.

TIPP

Die Burg Heidenreichstein ist die größte mittelalterliche Wasserburg Österreichs.

● Käsemacherwelt Heidenreichstein, Litschauer Straße 18, 3860 Heidenreichstein, Tel. +43 (28 62) 52 52 80, www.kaesemacher.at/de/kaesemacherwelt
● ÖPNV: Busbahnhof Heidenreichstein (1,3 Kilometer zu Fuß)

Filigrane Blütenkunst

Die Papiermühle Mörzinger in Bad Großpertholz

Was für eine schöne Erfahrung! In einer alten Papiermühle aus dem 18. Jahrhundert schöpfen Margarethe und Siegfried Mörzinger feinstes Büttenpapier. Mitunter verzieren sie es mit zarten Blumen aus der Natur. Und wenn man Glück hat, darf man sogar selbst einmal Hand anlegen und dann einen Bogen mit nach Hause nehmen. In Bad Großpertholz kann man in die uralte Tradition der Papiermacherkunst eintauchen. Und bei einem Besuch oder einer Führung unter anderem live erleben, wie Baumwollabfälle im Holländer, einem Granittrog, zusammen mit Wasser gemahlen werden. Die sogenannten Hadern werden rund 40 Stunden gemahlen, bis ein breiiger Stoff, das Papierzeug, entsteht.

Die alten Lumpen waren früher der Rohstoff für die Papierherstellung. Erst im Zuge des immer größeren Papierbedarfs und einer drastischen Verknappung von Hadern wurde im 19. Jahrhundert mit der Herstellung von Papier aus Holz begonnen. Die Papiermühle aus dem Jahr 1789 ist mittlerweile europaweit die einzige, in der Büttenpapier noch aus Hadern hergestellt wird.

Das Mörzinger-Papier wird holzfrei aus weißen Baumwollresten gefertigt. Der Dachboden der Mühle sei voll davon, sagt Margarethe Mörzinger, zumal man ja zum Papierschöpfen immer nur ganz wenig benötige. Die Stoffreste werden zunächst im sogenannten Hadernschneider zerkleinert, bevor sie im Holländer und dann als Faserbrei in der Bütte landen. Aus Letzterer wird mit einem Sieb jeder Bogen von Hand geschöpft. Die Bögen werden danach auf einer Filzunterlage abgegautscht, gepresst und später zum Trocknen aufgehängt.

Mörzinger setzt mit seiner Frau in der idyllisch am Ufer der Lainsitz gelegenen Papiermühle seit 2001 eine Familientradition fort. „Hochwertige Büttensorten werden wieder als Grundlage für Urkunden und Aquarelle verwendet", freut sich der Papiermacher. Die edlen Billets, Lesezeichen, Blumenbilder, Briefpapier, Kärtchen, Schreibsets oder Visitenkarten kann man vor Ort erwerben und in einigen Geschäften in der Umgebung. Künstler und Maler kaufen hier gerne ihr Aquarellpapier.

TIPP

An den Wochenenden kommen im Mühlenstüberl Spezialitäten aus dem Waldviertel auf den Tisch.

● Papiermühle Mörzinger, Bad Großpertholz 76, 3972 Bad Großpertholz, Tel. +43 (28 57) 22 40, www.papiermuehle.at

Im Salamander nach oben

60 Vollmondwanderung auf den Schneeberg

Exakt 2076 Meter ist er hoch, der Schneeberg, die höchste Erhebung Niederösterreichs. Rund 80 Kilometer südlich der österreichischen Metropole gelegen, gilt er als Hausberg der Wiener. Bereits seit 1873 versorgt er die Hauptstadt über die erste Wiener Hochquellenwasserleitung mit Trinkwasser. Das Bergmassiv überragt alle anderen Gipfel der Wiener Alpen und ist schon von Weitem gut zu erkennen. Besonders bequem gelangt man von Puchberg aus mit der historischen Schneeberg-Bahn im Salamander-Design nach oben.

Wer Süßes liebt, der sollte unbedingt nach einer halben Stunde auf 1322 Metern Höhe bei der Station Baumgartner einen Zwischenstopp einlegen. Denn hier gibt es die köstlichen Schneeberg-Buchteln mit verschiedenen Füllungen wie Marille oder Powidl (Zwetschgenmus). Daher nennen manche den Haltepunkt augenzwinkernd auch Buchtel-Station. Von der Terrasse aus hat man inmitten von Wäldern einen traumhaften Ausblick. In den Sommermonaten verkehrt an jedem zweiten Sonntag zusätzlich der Nostalgie-Dampfzug. Mit ihm erklimmt man den Berg wie schon Kaiser Franz Joseph vor mehr als 100 Jahren. Ein besonderes Erlebnis für alle Wanderbegeisterten ist eine Tour bei Vollmond. Am Bergbahnhof Hochschneeberg auf 1800 Metern Seehöhe wird gestartet. Dort kann man noch das herrliche Panorama in Richtung Neusiedlersee genießen und geht dann gemütlich über das Plateau zur Fischerhütte. Die befindet sich auf 2049 Metern Höhe und ist Niederösterreichs höchstgelegene Schutzhütte. Dort begrüßen die Hüttenwirte die Wanderer mit einem Stamperl Schnaps, bevor man sich zu einem gemütlichen Abendessen mit alpiner Hausmannskost zusammensetzt. Sobald der Mond zu sehen ist, geht es los in Richtung Gipfel, dem Klosterwappen. Doch eigentlich hat der Schneeberg ja eine Doppelspitze. Der Kaiserstein, auf dem die Fischerhütte thront, ist nur unwesentlich niedriger. Übernachtet wird dann im Lager der Fischerhütte. Nach dem Frühstück erfolgt in etwa 4 Stunden der Abstieg über den Zahnradbahnwanderweg nach Puchberg.

....

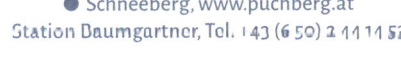

● Schneeberg, www.puchberg.at
Station Baumgartner, Tel. +43 (6 50) 2 11 11 53

Wie im Film

61 Das Schloss Rosenau im Waldviertel

Mitten im mystischen Waldviertel nahe Zwettl, umgeben von ganz viel beruhigendem Grün, residiert das geschichtsträchtige Schloss Rosenau. Hinter seinen ehrwürdigen dicken Mauern verbirgt sich ein Vier-Sterne-Superior-Hotel mit einer Atmosphäre, die ihresgleichen sucht. Es ist, als ob man eine Filmkulisse betreten würde. Mit 18 Zimmern und Suiten ist das Haus ein heimeliger, beseelter Ort, an dem man schnell abschalten und den Alltag ausblenden kann.

Über vier Jahrhunderte ist das Schloss Rosenau schon alt. 1593 wurde ein Vierkanthof zu einem Renaissanceschloss umgebaut und Mitte des 18. Jahrhunderts barockisiert. Doch das Schloss ist noch in anderer Hinsicht historisch spannend. Bei Renovierungsarbeiten entdeckte man 1972, dass die Räume früher von den Freimaurern genutzt wurden.

Im Schloss befindet sich heute das einzige Freimaurer-Museum Österreichs.

Für Besucher ist Rosenau aber sowohl kulturell als auch kulinarisch interessant. Denn im Schlossrestaurant stehen nicht nur Waldviertler Spezialitäten wie Mohn- oder Nussnudeln sowie der Rosenauer Tafelspitz auf der Speisekarte, sondern man kann – je nach Gusto – auch auf kulinarische Weltreise gehen. Wenn Romantik angesagt ist, empfiehlt sich ein Rosen- oder Candle-Light-Dinner. Wer möchte, bekommt das Rezept der Schloss Rosenauer Mohntorte mit nach Hause und das Geheimnis der Waldviertler Knödel verraten. Ruhe bedeutet aber keineswegs Langeweile. In der Umgebung gibt es viele geheimnisumrankte Plätze zu entdecken wie die sogenannte Steinpyramide von Ober Neustift – ein Bauwerk, das aus vier kreisförmig angelegten Ebenen besteht, die einen Stufenkegel ergeben. Den Forschern gibt es bis heute Rätsel auf. Vom Hotel aus lässt sich die Steinpyramide in einer Dreiviertelstunde erwandern. Die etwa 4 Meter hohe Weltkugel bei Nieder Neustift tief im Wald zählt ebenfalls zu den Kraftplätzen der Region. Wer nicht wandern will, kann die einzigartige Waldviertler Landschaft auch per E-Bike erkunden. Die Räder kann man sich im Hotel ausleihen.

TIPP
Ganz in der Nähe befindet sich ein Pferdehof.

● Schloss Rosenau, Schloss Rosenau 1, 3924 Schloss Rosenau, Tel. +43 (28 22) 5 82 21
www.schlosshotelrosenau.at

Zur Seele des Weines

Die Loisium-Tour in Langenlois

Am Anfang waren bis zu 900 Jahre alte Kellergewölbe im Zentrum des Weinortes Langenlois. Das Ehepaar Tuula und Gerhard Nidetzky hatte die Idee, dem Rebensaft ein modernes Denkmal zu setzen, und schuf mit der Loisium Weinwelt eine Attraktion für die gesamte Region Kamptal. Der renommierte US-Architekt Steven Holl positionierte einen futuristischen Metallkubus mitten in den Weingärten. Der Design-Würfel neigt sich leicht in Richtung Altstadt. Dies sei eine respektvolle Verbeugung des Neuen vor dem historischen Langenlois, sagen die Planer. Der Rundgang führt zunächst durch die eigenen Loisium-Weingärten, vorbei an unzähligen satten Grünen-Veltliner-Reben und wird mit dem Durchschreiten eines gelben Tors zu einem Fantasietrip für die gesamte Familie.

TIPP

Im benachbarten Loisium Wine & Spa Hotel kann man formidabel übernachten.

Die Tour startet unterirdisch bei einem überdimensionalen Wasserbecken (einem Gärbottich) mit einer Show aus bunten Lichtern und Musik. Bei konstanten 14 Grad Celsius (am besten eine Jacke mitnehmen!) geht man auf 1,5 Kilometern mit 18 interaktiven Stationen auf eine Zeitreise in die Historie des Weins, erfährt Geschichten über das Winzerdasein sowie die verschiedenen Methoden der Wein- und Sektherstellung. Man kann sich als Fassbinder versuchen und bekommt Einblicke in die Keller des Weinguts Steininger oder in ein Winzerhaus aus dem Jahre 1924. Das 10er Haus der Familie Loiskandl zeigt, wie das Leben und die Arbeit einer Familie früher abliefen.

Die Erwachsenen werden von Veltlina, der Seele des Weines, durch das magische Kellerlabyrinth geführt – mithilfe einer Audioguide-App. Die Kinder erleben währenddessen ein spannendes unterirdisches Abenteuer: Durch ein Missgeschick sind die beiden Kellermäuse Frida und Fridolin in einem verborgenen Raum gelandet. Jetzt können nur mehr die kleinen Besucher helfen! Wenn sie das Rätselspiel lösen, sind Frida und Fridolin gerettet.

Die Tour endet wieder oben im Kubus – mit der Verkostung edler Tropfen oder Säfte in der Vinothek.

....

● Loisium Weinwelt, Loisium Allee 1, 3550 Langenlois, Tel. +43 (27 34) 3 22 40 15
www.loisium.com/weinwelt-langenlois
● ÖPNV: Bahnhof Langenlois (15 Minuten zu Fuß)

Draco und die Terrakotten

63

Die Erlebniswelt der Schallaburg

Im Burgen- und Schlösserland Niederösterreich ist die Schallaburg bei Melk ein besonderes Juwel. Sie zählt zu den renommiertesten und erfolgreichsten Ausstellungszentren Österreichs mit jeweils einem großen Thema pro Jahr. Und sie darf sich zu Recht Erlebniswelt nennen. Denn hier kommt die ganze Familie auf ihre Kosten: kulturell, historisch, spielerisch und kulinarisch. Doch bevor man in das Innere des Gesamtkunstwerks vordringt, muss man erst einmal Draco am Erlebnisspielplatz bezwingen. Das ist ein 35 Meter langer Kletterdrache aus Holz. Die Zunge ist eine Rutsche.

Die Schallaburg ist aufgebaut wie eine Zwiebel: Die Wehranlage stammt aus dem Mittelalter und schützt das innerhalb der Mauern erbaute Renaissance-Schloss. Der trapezförmig zulaufende große Arkadenhof mit seinen rund 1600 (!) ziegelroten Terrakotten ist einzigartig und jede der Figuren erzählt eine Geschichte. Sie bilden das Wissens- und Wertespektrum eines humanistisch gebildeten Adeligen der Zeit ab.

TIPP

Wer Freude an historischen Abenteuern hat, bucht einen Ausflug in den Escape Room.

Das Schlossrestaurant ist eine Dependance des Rathauskellers in Melk, der für seine gute Küche bekannt ist. Nach dem Essen empfiehlt sich ein Verdauungsspaziergang im weitläufigen historischen Turniergarten, der italienischen Renaissance-Gärten mit ihrem Wechselspiel von Zier- und Nutzpflanzen in symmetrischen Beeten nachempfunden ist. Alternativ kann man ein wenig auf einem der bunten Stühle oder auf einer Bank dösen. Wer sich lieber bewegen möchte, probiert sich am Rande der Gartenanlage als Bogenschütze aus oder spielt im ehemaligen Ballhaus Badminton.

Mit dem beeindruckenden Arkadenhof und dem Garten, der auch für Spiel und Spaß genutzt wurde, war die Schallaburg in der Renaissance eine angesagte Location, wie man das heute ausdrücken würde. Aber was stand denn damals auf dem Speiseplan? Mit einer Expertin für historische Esskultur kann man nach Voranmeldung die Genussorte – und die alte Küche – der Burg besuchen. Im Anschluss kocht und genießt man gemeinsam ein Menü am historischen Schauplatz.

● Erlebniswelt Schallaburg, Schallaburg 1, 3382 Schallaburg, Tel. +43 (27 54) 6 31 70
www.schallaburg.at
● ÖPNV: Haltestelle Schallaburg

Schön und scharf

64 Die Gärtnerei Hick in Weißenkirchen

Hier gibt es alles, was in einer klassischen Gärtnerei zum Standard gehört – Beet- und Balkonblumen, Topfpflanzen und Blumensträuße. Doch Manuela und Stefan Hick haben sich in ihrem Familienbetrieb auf Raritäten und langlebige Mitbringsel aus der Wachau spezialisiert. Allein 30 verschiedene Sorten an Weinreben, die mit kühleren Temperaturen gut zurechtkommen, kann man sich mit nach Hause nehmen. Darunter sind vier kernlose Traubensorten, die im eigenen Garten oder auf der Terrasse prächtig gedeihen. Erstehen kann man auch Marillen-, Weingartenpfirsich- und Mandelbäume, außerdem: Steinfedergras im Topf, frostbeständige Feigen-, Kaki- und Bitterorangen. Dafür sind die Hicks immer wieder „quer durch Europa" auf der Suche. Die schöne Wachauerin, eine ausgesprochen robuste orange Beetrose, die an das Wahrzeichen der Region – die Marille – erinnert, ist ebenfalls eine exklusive Spezialität.

TIPP

Der große Donau-Sandstrand in Weißenkirchen mit Liegewiese.

Weil das Ehepaar sehr gerne scharf isst und das Wachauer Klima für ein einzigartiges Aroma sorgt, begann es vor vielen Jahren mit dem Anbau von Chili. 100 verschiedene Sorten sind es inzwischen. 2005 wurden die ersten Gläser mit Chilipulver gefüllt. Acht Mischungen gibt es derzeit von eher mild bis superscharf. Die Variante Liptauer hat den mildesten Schärfegrad. In der Wachau sonnengereifte Paprika sind für die angenehme Süße verantwortlich. „10 plus" – schärfer geht es nicht mehr! Die brandheiße Mischung besteht aus den weltweit schärfsten Sorten, die in den Gewächshäusern der Gärtnerei kultiviert werden. Stefan Hick empfiehlt, den Chili nicht mitzukochen, sondern lieber nach dem persönlichen Schärfe- und Geschmacksempfinden nachzuwürzen. Wer die Schoten selbst mahlen möchte, kann sie in drei verschiedenen Sorten im Aromaschutzbeutel erwerben. Von der Aussaat über die Ernte der vollreifen Schoten, das Schneiden, die Qualitätskontrolle und die Trocknung mit der Kraft der Sonne in einem großen Solartrockner bis hin zum Mahlen zwischen Granitsteinen, dem Mischen und Abfüllen geschieht alles in Handarbeit.

⬤ Gärtnerei Hick, Ritzlingbachstraße 191, 3610 Weißenkirchen, Tel. +43 (27 15) 22 91
www.hick-wachau.at

HICK
Pflanzerei
ER WACHAU
ACHAUERIN' 39,-
3 29,-
ENEN SORTEN
IM TOPF

Viele Wege zum Glück

Im Hotel des Glücks in St. Oswald

Plakativer kann das Glück kaum daherkommen als in einem Hotel, das es in seinem Namen trägt. Nach einem gemeinsamen Intensivcoaching beschlossen Petra und Ewald Haider, sich den eigenen Traum von einem beglückenden Berufsalltag zu erfüllen. Sie gestalteten das Familienhotel in der sanften Hügellandschaft des südlichen Waldviertels sukzessive nach ihren Vorstellungen um. Heute ist das Haus im ruhigen Ortskern von St. Oswald ein Glücksbringer für Urlauber und Seminarteilnehmer.

Marienkäfer, Rauchfangkehrer, Kleeblatt, Elefant: Die Glücksreise beginnt schon auf dem Weg zu den Zimmern, die alle die Namen von bekannten und weniger bekannten Glücksbringern tragen. Auch in den Gängen geben Glücksbilder oder Texte über das Glück das Motto an. Und im Garten gibt es zwischen dem Rosenbogen, einem gemütlichen Holzbankerl unter einem uralten Birnbaum, einem Windspiel oder einem Seerosenteich viele Wege zum Glück.

Der Ort, an dem das Hotel steht, hat eine lange Geschichte. Der heute als Weinkeller genutzte Gewölbekeller soll bereits seit 1450 bestehen. 1893 erwarben die Urgroßeltern von Petra Haider das Anwesen und betrieben hier eine Landwirtschaft, ein Gasthaus und eine Metzgerei. 1994 wurde das Haus zum Seminar- und Ferienhotel umgebaut – bis es die Haiders in ihre Richtung weiterentwickelten.

Glück findet man hier aber nicht nur an den Plätzen, die von den Gastgebern dafür vorgesehen sind. Wer von der Terrasse aus das rund 100 Kilometer lange Alpenpanorama genießt, braucht keinen Text und keine Inspiration. Dieser Blick ist einfach nur atemberaubend schön! Und manchmal macht einen ja auch froh, wenn man eine Herausforderung gemeistert hat. Dazu hat man hier im Hochseilgarten Gelegenheit.

Ewald Haider legt großen Wert darauf, dass seine Mitarbeiter nicht nur Personal sind, sondern Glücksvermittler für die unterschiedlichen Gäste, die das Haus besuchen – sei es, weil sie einen Workshop gebucht haben oder das Waldviertel entdecken möchten und schlicht einmal die Seele baumeln lassen wollen.

....

● Hotel des Glücks, Untere Hauptstraße 4, 3684 St. Oswald, Tel. +43 (74 15) 72 95
www.hoteldesgluecks.at

Das Beste aus der Birne

66 Most Haselberger in St. Valentin

Ein klassischer Vierkanthof mit Ackerbau und Mastschweinen, ein junges Paar, eine Vision. Bernadette und Peter Haselberger wollen dem Birnenmost durch hohe Qualität ein neues Image geben. „Bei uns im Mostviertel steht dieses Getränk nicht unbedingt für großen Genuss", sagt der Niederösterreicher, der das Mosten vom Großvater gelernt hat. Mit seiner Ausbildung zum Most- und Edelbrandsommelier entdeckte Haselberger das Potenzial, das in den vielen alten Birnbäumen steckt, von denen der Hof umgeben ist. Sein Ziel war es, das Beste aus den Birnen herauszuholen, den Most zu einem Getränk zu entwickeln, das einem guten Wein ebenbürtig ist und das wegen seiner Leichtigkeit und angenehmen Säure perfekt zum Essen passt – und zwar nicht nur zu Hausmannskost, sondern auch zur Gourmetküche. Dass ihm das vortrefflich gelungen ist und gelingt, beweisen mehrere Auszeichnungen im Rahmen der Falstaff Most Trophy sowie die Getränkekarten der besten Restaurants, auf denen der Most zu finden ist.

Speckbirnen, Stieglbirnen und viele andere: Weit über 100 verschiedene Birnbäume der unterschiedlichsten Sorten bilden die Grundlage für rund zehn Varianten von Most. Geerntet wird nur, was ein Baum von selbst fallen lässt. Das Obst wird von Hand verlesen, damit wirklich allein die besten Früchte im Most landen. Bei den Haselbergers gibt es sogar eine Einzelbaumabfüllung: von der mehr als 160 Jahre alten Grünen Pichlbirne. Der Mostexperte: „Reiner geht es gar nicht." Nach Voranmeldung kann man auf dem Hof einkaufen und verschiedene Mostsorten probieren. Peter Haselberger erzählt auch gerne, was einen Most zu einem Qualitätsmost macht. Dazu gehören eine prompte Ernte und eine schnelle Verarbeitung. Er selbst lässt den Most ein ganzes Jahr reifen. Auch Produktinnovationen wie Birnensekt in Flaschengärung sind Haselbergers Passion.

Das Ehepaar hat große Pläne. Es will sich auf das Thema Most konzentrieren und ist gerade dabei, den Hof als Anlaufstelle für Genießer auszubauen – mit einem alten Gewölbe, in dem die vergorenen edlen Birnen verkostet werden können.

· ·

● Haselberger Most, Hofkirchen 23, 3350 St. Valentin, Tel. +43 (6 50) 8 80 91 91
www.haselberger-most.at

Im Schmuck-Garten

67

Alles handgemacht: Rado Design in Baden

Der Name ist in diesem Fall Programm: In der Frauengasse von Baden gibt es ein Geschäft, das vor allem weibliche Flaneure magisch anzieht – besonders diejenigen mit einem Faible für Blumen und Schmuck. Wer durch die farbenfroh umrankte Eingangstür tritt, weiß gar nicht, wo er zuerst hinschauen soll: Ohrringe, Armbänder, Haarreifen und Ringe in Orange, Pink, Rot, Blau, Grün, Gelb in vielen Nuancen und Facetten – in eher geometrischen Formen, aber auch in lieblichem Blütendekor. Im Schmuckparadies wird es weiter hinten farblich dezenter, denn da ist der oftmals ebenfalls florale Hochzeitsschmuck drapiert.

Der Laden ist das Reich von Zsanett Rado. Die gebürtige Ungarin ist gelernte Glasmalerin und die Liebe zu Blumen begleitet sie schon ihr ganzes Leben lang. Schmuck-Designerin wurde sie eigentlich durch einen Zufall: Sie führte ein Juweliergeschäft und dekorierte das Fenster mit einem selbst entworfenen Haarreif. Eine Kundin wurde auf sie aufmerksam und ließ sich von ihr einen Perlen-Haarschmuck für eine extravagante russische Winterhochzeit anfertigen.

Mit Kopfschmuck fing also alles an. Rado wagte den Schritt in die Selbstständigkeit. Sie liebt es, individuelle Wünsche zu erfüllen. Ihr Markenzeichen sind mit Aquarell oder Lack bemalte Blumen. Ob Haarkranz, Haarreif oder Haarnadel – jedes Schmuckstück ist einmalig. Für ihre Rosi-Kollektion beispielsweise bemalt sie zarte Rosenblüten aus Papier mit Aquarell-Farben. Der Weg zu handgemachtem Modeschmuck war nicht mehr weit, zumal immer mehr Kundinnen danach fragten. Bei der Eröffnung des Ladens hatte sie 30 Ohrringe im Angebot. Inzwischen sind es 1400 bis 1500 verschiedene Schmuckstücke. Die Teile stellt sie in der häuslichen Werkstatt her, oft an Abenden, Wochenenden und Feiertagen. Das kleine Geschäft in der Frauengasse ist nicht nur für ihre Kundinnen ein Glücksort, sondern auch für die Inhaberin selbst. Denn hier kann Zsanett Rado ihre Leidenschaft mit netten Menschen teilen – in einer Art Wohnzimmer, in dem sich alle wohlfühlen.

....

● Rado Design, Frauengasse 10, 2500 Baden bei Wien, Tel. +43 (6 60) 4 74 61 65
www.rado-design.at
● ÖPNV: Haltestelle Josefsplatz

Hier können Eier leuchten

68 Der Straußenhof Ebner in Winklarn

Eines Tages – und der ist schon wieder gut 30 Jahre her – kam das junge Ehepaar Ebner auf den Strauß. Es kaufte auf einer Straußenfarm in Oberösterreich drei Küken, weil es „einmal etwas Neues ausprobieren" wollte. Die Familie betreibt in der Ortsmitte von Winklarn einen energieautarken Bauernhof – mit etwa 30 Milchkühen und Rindern. Die Strauße waren erst einmal ein Hobby, doch Gerhard Ebner beschäftigte sich immer intensiver mit der Aufzucht, Haltung und Nutzung der Tiere. Daraus wurde rasch ein richtiges Standbein mit inzwischen 50 Straußen.

Die Niederösterreicher verwenden vor allem die Eier, das Fleisch lediglich für den Eigenbedarf. Ehefrau Margit verwandelt die Eier in kunstvolle Dekorationen und Lampenschirme. Und Schwiegertochter Sandra bringt sich mit dem Anfertigen von Schmuck aus Straußeneischalen in den Betrieb ein. Aus dem Eigelb und Eiweiß fabriziert die Familie noch so manche Köstlichkeiten: Liköre in vier verschiedenen Geschmacksrichtungen, Straußenbusserl und vieles mehr. Der Renner in der Winter- und Weihnachtszeit sind die Likörpralinen und der Lebkuchen-Eierlikör.

Mit fast 150 Kilogramm ist der Strauß der größte und schwerste Vogel der Welt. Was die Familie an den riesigen Vögeln, die nicht fliegen können, so fasziniert? Ebner sagt, Strauße machten keinen Lärm und seien nicht aggressiv, neugierig aber schon. Der ein oder andere fedrige Mitbewohner freue sich durchaus über Streicheleinheiten. Mit dem Umbau des Hofes hat sich die Familie auf die neueren Bewohner konzentriert. Sie lädt zu Führungen ein und hat einen eigenen Laden eingerichtet.

In der Boutique wird allerlei Interessantes und Delikates rund um das Straußenei angeboten – darunter leere geätzte und gefräste, bemalte, kunstvoll verzierte und volle Straußeneier (telefonisch reservieren). Man kann sogar am Straußenhof wohnen. Eine Übernachtung in der 70 Quadratmeter großen Ferienwohnung Straußennest, umgeben von Straußeneiern und verzaubert vom einzigartigen Licht der Straußeneierlampen, ist schon ein besonderes Erlebnis.

● Straußenhof Ebner, Hauptstraße 12, 3300 Winklarn, Tel. +43 (6 64) 4 86 02 09
www.straussenhof-ebner.at

Klassiker neu interpretiert

Die Patisserie Naderer in Amstetten

Bestellt man hier eine Malakoff-Torte, bekommt man kein dreieckiges Kuchenstück, sondern ein Kuppeltörtchen serviert. Rundlich kommt auch die Dolce di Agatha daher – eine Spezialität, die Thomas Naderer für die Stadt Amstetten kreiert, besser: neu interpretiert hat. Im Zentrum des Mostviertels hat er sich mit seiner Ehefrau Julia den Traum vom eigenen Café erfüllt. Die beiden wollten nach einer Laufbahn in der Hotellerie ein zweites Wohnzimmer für sich und ihre Gäste schaffen, österreichische Kaffeehauskultur bewahren und diese mit französischen Einflüssen kombinieren. Dabei bringen die ambitionierten Gastgeber in ihren Räumen im Stadthotel Gürtler „lieber weniger, aber dafür täglich frisch gemachte Erzeugnisse" in die Theke und auf die Tische. Als da wären: himmlische Pralinen in Ellipsenform, Karamelltörtchen, Tartelettes, Plunder, Topfenkuchen oder Schokobananen.

TIPP

Gürtlers Feierabendbar im Hotel hat montags bis freitags ab 17 Uhr geöffnet.

Der gelernte Koch und frühere Chef-Patissier Naderer liebt es, Klassiker zu modernisieren. Dazu reduziert er Fett beziehungsweise Zucker und verändert die Optik. Sein Credo lautet: Die Süße darf nicht alles überlagern. Man sollte die einzelnen Zutaten erschmecken können. Für diese Philosophie und seine Kreativität wurde Naderer zum Patissier des Jahres gekürt.

Seine Dolce di Agatha erinnern an die heilige Agatha, der die alte Kirche im Ortsteil Preinsbach gewidmet ist. Den Ursprung hat das süße Stück in Italien als Minne di Sant'Agatha. Diese werden mit kandierten Früchten hergestellt. Der Amstettener hat eine leichtere Variante entwickelt: Eine Mürbteighülle umschließt eine gebackene Topfenmasse. Himbeeren verleihen der Dolce eine säuerlich-fruchtige Note. Pures Gaumenglück!

Mit der Stadt kooperieren die Naderers nicht nur im Falle der Dolce. Amstetten bemüht sich intensiv um ein kulinarisches Profil mit „Stadtluft"-Produkten wie Bier, Most, Cider, Likör oder Schoko. Thomas Naderer stellt in Handarbeit Amstettner Glücksherzen her: aus Milchschokolade, Karamell, Vanille, Mandel, Nougat – und Liebe.

● Patisserie Naderer, Rathausstraße 13, 3300 Amstetten, Tel. +43 (6 64) 3 22 66 07
www.diepatisserie.at
● ÖPNV: Bahnhof Amstetten (10 Minuten zu Fuß)

Drüber und drunter

70 Der Retzer Erlebniskeller

Eine ganze Stadt ist unterkellert. Ein gigantisches uraltes unterirdisches Netzwerk zur Lagerung von vergorenem Rebensaft und Lebensmitteln! Mit einer Länge von 20 Kilometern und bis zu 20 Meter Tiefe gilt der teilweise dreigeschossige Retzer Erlebniskeller als der größte historische Weinkeller Österreichs. Das Labyrinth der Kellerröhren ist dichter als das oberirdische Straßenverkehrsnetz. Der älteste Teil stammt aus dem 14. Jahrhundert und viele Räume befinden sich noch im Originalzustand. Spannend: Der Keller wurde in reinen Meeressand gegraben – ohne Gewölbe, Steine oder sonstige Befestigungen.

Der Retzer Erlebniskeller darf nur mit einem geschulten Führer besichtigt werden. Jede Führung beginnt am imposanten Hauptplatz, dem mit rund 12.000 Quadratmetern (nach Linz) zweitgrößten in ganz Österreich. Besonders interessant: das Sgraffitohaus von 1576 mit seinen in die Wand gekratzten Gemälden. Es zeigt 120 Darstellungen aus der griechisch-römischen Mythologie und aus dem Alten Testament. Das Rathaus entstand 1568/69 durch den Um- und Ausbau der 1367 errichteten Marienkapelle. Was Weintrinker begeistert: Beim Weinlesefest im September sprudelt aus den beiden Brunnen Rot- und Weißwein – und das gratis.

Etwa 150 Meter außerhalb befindet sich der Eingang zum Keller. Helmut Hinterleitner weist die Gäste durch die vielen Stollen, Röhren und Räume. In der Unterwelt herrscht das ganze Jahr über eine konstante Temperatur von 10 bis 12 Grad Celsius mit einer Luftfeuchtigkeit zwischen 80 und 85 Prozent. Man lernt ganz viel über die Geschichte des Weinbaus, bestaunt historische Fässer und erfährt von Hinterleitner viele Details und Anekdoten rund um Retz und den Keller. Und so mancher beschließt wiederzukommen – zum Stationstheater im Sommer, bei dem Schauspieler den Keller als Kulisse nutzen und mit 20 bis 25 Zuschauern im Gefolge ein Stück aufführen. Oder zum Adventmarkt, der „drüber und drunter" stattfindet. Die offizielle Führung endet in der Gebietsvinothek im Wellnesshotel Althof mit einem Glaserl Wein.

TIPP

Die Windmühle auf dem Retzer Kalvarienberg.

● Retzer Erlebniskeller, Hauptplatz 30, 2070 Retz, Tel. +43 (29 42) 27 00
www.erlebniskeller.at
● ÖPNV: Bahnhof Retz (1 Kilometer zu Fuß)

Das Storchenparadies

Im Marchauen-Reservat Marchegg

In vergangenen Zeiten waren Störche in unseren Breitengraden noch eine Rarität, doch inzwischen hört man von Kirchtürmen wieder munteres Geklapper. Um einen Storch zu sehen, muss man nicht weit fahren. Wenn man aber ganz viele Tiere genauer beobachten möchte, ist das Marchauen-Reservat der perfekte Ort. Denn hier kann man die größte Weißstorchkolonie Mitteleuropas, die auf Bäumen brütet, aus nächster Nähe erleben. Die Störche nisten auf alten, abgestorbenen Eichen. Diese sind ein idealer Platz, da sie leicht anzufliegen sind, Schutz bieten und einen guten Ausblick ermöglichen.

Beim Schloss Marchegg führt eine kleine Holzbrücke direkt in das Auenreservat des WWF (World Wide Fund for Nature). Von da an sieht man fast nur noch Grün: wilde Wiesen, Sträucher und Bäume. Und auf einmal: jede Menge Störche, die einfach ganz ruhig dastehen – oder es sich hoch oben auf Bäumen in großen Nestern gemütlich gemacht haben. Ein Gänsehautmoment! Immer wieder gleiten schwarz-weiße Riesenvögel fast lautlos durch die Luft. Die Thermik der Pannonischen Tiefebene ist ideal für die Störche mit ihren bis zu 2 Meter breiten Schwingen. Bis zu 50 Paare kommen jedes Jahr in das Reservat, um ihre Jungen großzuziehen.

TIPP

Im Storchenhaus gibt es eine Live-Cam in ein Storchennest.

Die Marchegger Störche fliegen im Frühling von Ost- und Südafrika über Ägypten und den Bosporus nach Niederösterreich. Sie legen dabei bis zu 10.000 Kilometer zurück und bleiben bis zum Spätsommer. In der feuchten Auenlandschaft ist der Tisch für sie reich gedeckt: Es gibt Frösche, Insekten, Fische, Ringelnattern, Kaulquappen oder Mäuse zuhauf. Alles, was man wissen möchte, erfährt man im Storchen-Haus im Schloss.

Die Störche sind zweifelsohne die Attraktion der Marchauen – ein faszinierendes Gebiet ursprünglicher Natur. Es ist aber auch die Heimat von rund 100 verschiedenen Vogelarten. Außerdem finden Rehe, Rothirsche, Wildschweine, Rotbauchunken, Biber und Fischottern hier paradiesähnliche Bedingungen vor. Und wenn man Glück hat, sieht man auf einer sumpfigen Lichtung sogar Konikpferde grasen.

● Storchenhaus Marchegg, Im Schloss 1, 2293 Marchegg, Tel. +43 (6 99) 12 68 00 06
www.schlossmarchegg.at
● ÖPNV: Haltestelle Schloss Marchegg

Die Welt fröhlich machen

72 Das Päuschen-Häuschen in Prigglitz

Einen solchen (Glücks-)Ort würde man sich in der eigenen Umgebung wünschen! Einen Platz in wunderschöner Natur mit einem tollen Ausblick sowie gesunden, liebevoll zubereiteten und angerichteten Speisen. Wenn es nicht zu kalt ist, lässt man im Obstgarten die Seele baumeln und schaut oder hört den Kühen hinter dem nahen Hof beim Schmatzen zu. So nennt es die Chefin des Päuschen-Häuschens Kerstin Kirnbauer. Die gelernte Ernährungsberaterin hat ihr Geschäft mit einem coolen Foodtruck begonnen und in den Wagen nicht nur jede Menge Pastellfarbe, sondern auch Liebe investiert. Etwas „Kleines, Gemütliches" wollte sie schaffen – mit hochwertigen biologischen Nahrungsmitteln. Die Niederösterreicherin hatte aber noch ein Ziel: mit ihren Leckereien „die Gäste und auch die Welt fröhlich zu machen".

Ihre Idee: Essen in bester Qualität, die meisten Zutaten aus eigener Erzeugung beziehungsweise aus der Region. Das Fleisch bezieht sie von der Tochter, die den Bauernhof auf dem Grundstück betreibt. Die Milch stammt vom Landwirt nebenan. Weil der Verkauf aus dem Foodtruck arg wetterabhängig ist, baute die Familie vor ein paar Jahren ein stationäres Häuschen, in dem es 50 bis 60 Sitzplätze gibt. Hier kann man den ganzen Tag schlemmen. Zur Auswahl stehen stets neue Variationen von Burgern, Suppen, Eintöpfen, Salaten, Ofenkartoffeln, Wraps, Currys, Kuchen aus Omas Rezeptbuch, selbst gemachte Limonaden, Mehl- und Nachspeisen wie Kastanienmousse oder Topfencreme. Immer gerne saisonal. Man kann aber auch Frühstücks-, Sonnenschein- oder Geburtstagskisterl ordern und sich das Päuschen-Gefühl nach Hause holen – etwa mit einem über Buchenholz geräucherten Geselchten und Bratl aus dem Ofen. Das Konzept kommt nicht nur bei den Einheimischen bestens an. Auch viele Radfahrer und Wanderer erfreuen sich an diesem besonderen Rastplatz mit Herz und an all den guten Sachen, die Kerstin Kirnbauer auf den Tisch bringt.

Doch auch der Truck steht nicht still. Man kann ihn buchen. Dann kommt er mit vielen Köstlichkeiten angerollt.

....

● Päuschen-Häuschen, Gasteil 5, 2640 Prigglitz, Tel. +43 (6 80) 2 14 95 29
www.paeuschen.com

Ein Ort des Staunens

73 Der Skulpturen-Park in Schrems

Wer diesen Skulpturen-Park betritt, spürt schnell, dass es sich um einen ganz besonderen Ort handelt. Das ist nicht nur einfach ein großes Stück Wiese mit Bäumen, in das Künstler ihre Werke eingebracht haben. Dahinter steht eine außergewöhnliche Idee. Bernhard Antoni, künstlerischer Leiter des Kunstmuseums Waldviertel, hat den Erlebnispark auf dem ehemaligen Gelände eines Steinmetzbetriebs mitkonzipiert. Und so spielen auch jahrzehntelang vergessene Steine eine tragende Rolle. Sie wurden allerdings nicht etwa zum Bemalen oder künstlerischen Veredeln genutzt, sondern geordnet, archiviert und neu arrangiert. Sie sind die Hauptdarsteller im Park. Die „komponierten" Stufen, Mauern und Plätze erinnern an ausgegrabene Siedlungsreste einer imaginären Stadt. Doch Natur sollte Natur bleiben

TIPP

Ein Besuch im gemütlichen Museumscafé.

und für sich selbst sprechen. Die Granitgeschichte der Region lebt so, transformiert, weiter. Der Skulpturen-Park des Kunstmuseums wurde als sanfte Hügellandschaft modelliert und entspricht damit der Topografie des Waldviertels. Neu hinzu kamen große menhirartige farbige Steinrestling-Skulpturen, die sich wie Himmelssäulen zum Firmament strecken.

Der weitläufige Park mit seinem Freiluft-Raumtheater und der steinernen Marienkapelle wird im Sommer für Veranstaltungen genutzt. Es finden Erlebnisführungen, Kunstfestivals, Workshops, Kreativwochen für Kinder, Jugendliche und Erwachsene statt. Hier wird sogar geheiratet und man kann Brot backen (lernen).

In den Skulpturen-Park kommt man immer wieder gerne. Denn am Platz der Domglocken, bei den Schlafenden Poeten oder am Sternenplatz wird es nie langweilig und man hat das Gefühl, dass das Areal viele Geschichten zu erzählen hat. Für diesen mystischen Ort des Staunens, Findens, Entdeckens, der Fantasie und der Freude gibt es sogar ein therapeutisches Konzept. Antoni: „In einer Zeit, in der alle Lebensbereiche immer mehr funktionalisiert werden, sind Freiräume, die Spielraum für Leere und daraus Entwicklung geben, so wichtig. Deswegen laden wir ein zu einer Entdeckungsreise in die Welt der Kreativität."

● Skulpturen-Park, Kunstmuseum Waldviertel, Mühlgasse 7 a, 3943 Schrems, Tel. +43 (20 53) 7 20 88, www.daskunstmuseum.at
● ÖPNV: Busbahnhof Schrems (2 Minuten zu Fuß)

Glück fürs ganze Leben

74 Das Anglerparadies Hessendorf

„Wer für einen Tag glücklich sein will, der betrinkt sich. Wer für einen Monat glücklich sein will, der heiratet. Wer für sein ganzes Leben glücklich sein will, der erlernt das Fischen" (Fundstück im Netz).

Passionierte Fischer – und die, die es werden wollen – finden im nordöstlichen Teil des Waldviertels nicht nur das Glück, sondern landen direkt im Paradies. Das verheißt dieser Ort zumindest vom Namen her. Das Anglerparadies Hessendorf ist eine Anlage mit sieben Teichen und einer Gesamtgröße von 50.000 Quadratmetern. In den verschiedenen Gewässern tummeln sich Forellen, Saiblinge, Zander, Hechte, Schleien, Welse, Karpfen und Amur (Graskarpfen). Ob Profis oder Neulinge, bei den Brüdern Michael und Harry Neubert ist jeder willkommen; mit eigener Ausrüstung oder ohne. Wer möchte, leiht sich das Equipment aus und kann das Angeln unter Anleitung des Personals ausprobieren.

TIPP

Der nostalgische Zug Reblaus-Express macht beim Anglerparadies halt.

Weil es hier so schön ist, verbringen Familien gerne einen Tag in der Natur. Es gibt einen Spielplatz und ein idyllisch direkt am Wasser gelegenes Restaurant. Serviert werden Hausmannskost und Fischspezialitäten. Dort kann man sich die selbst geangelten Forellen frisch zubereiten lassen. Auf dem Gelände gibt es aber auch Grillplätze.

Ein Ereignis, das jedes Jahr in der Region voller Vorfreude erwartet wird, ist der Fischverkauf nach dem sogenannten Abfischen Ende Oktober. Die Forellen, Karpfen, Amur und Welse gibt es im Ganzen, ausgenommen oder bereits fertig filetiert. Eine Delikatesse sind die Räucherforellen. Die Angelsaison beginnt eine Woche vor Ostern. Ende November ist Schluss. Eine Bildergalerie dokumentiert kapitale Fischerfolge. Es kommt schon einmal vor, dass ein 40 Kilo schwerer Waller aus einem Teich gezogen wird.

Meistens sind die Männer an den Teichen unter sich. Viele Stammgäste kommen aus Wien oder von weiter her, weil sie hier einzigartige Bedingungen vorfinden und die gute Küche schätzen. Auf Wunsch werden die Fische vor Ort pfannenfertig für zu Hause vorbereitet.

● Anglerparadies Hessendorf, 2091 Hessendorf, Tel. +43 (6 76) 9 00 17 56
www.anglerparadieshessendorf.at

Zu Gast bei Freunden

75

Ausg'steckt is im Weinbaugebiet Carnuntum

Gute Tropfen authentisch genießen kann man in der Weinbauregion Carnuntum. Wenn bei einem Winzer ausg'steckt ist, werden eigene Weine und hausgemachte Brotzeiten serviert. Zu Achterl, Vierterl oder Spritzer gibt es Brote mit selbst gemachten Aufstrichen, Presswurst, Wurstsalat, Wildspezialitäten oder Blunz'n.

Vor allem rote Sorten wie der Blaue Zweigelt gedeihen hier prächtig. Es gibt aber auch ausgezeichnete Weißweine. Die besten Roten der Rubin-Carnuntum-Winzer werden jährlich mit dem Qualitätssiegel Rubin Carnuntum ausgezeichnet. Neben der Donau beeinflussen das Klima mit seinen heißen Sommern und kalten Wintern sowie der nahe gelegene Neusiedler See die Qualität der Trauben. Die rund 190 Weinbaubetriebe sind meist klein und stehen für bestes Handwerk. Es gibt auch immer mehr junge „wilde" Winzer, die mit viel Herzblut und innovativen Ideen wie Pop-up-Heurigen daran arbeiten, die Weine bekannter zu machen.

TIPP

Der aktuelle Heuriger-Kalender ist unter www.carnuntum.com/events-news/heurigertermine einsehbar.

Mit knapp 900 Hektar ist Carnuntum eines der kleinsten Weinbaugebiete Österreichs. Auf den ersten Blick mag die Landschaft unspektakulär erscheinen, doch im nächsten Moment verspürt man Glück. Das Herz des Weinbaugebietes schlägt in Göttlesbrunn. Das Gebiet umfasst die Hälfte der Rebfläche Carnuntums. Hier gibt es viele gemütliche Heurige wie den von Markus Lager. Letzterer bewirtschaftet in dritter Generation einen Weingarten mit einer Fläche von 8,5 Hektar – inzwischen biologisch. Seit 1990 ist dem Weinbaubetrieb ein Buschenschank angeschlossen, wo man sich fühlt wie zu Gast bei Freunden.

Wer in der Region weilt, sollte unbedingt auch einen Abstecher zu einer Kellergasse machen. Gleich in der Nähe der Weingärten wurden früher die Trauben verarbeitet und der Wein gelagert. Vom Hohen Weg in Höflein hat man einen sensationellen Panoramablick. 45 Gebäude gibt es noch, das älteste stammt aus dem Jahr 1643. Oder man besucht die schöne Kellergasse von Prellenkirchen: Von den alten Weinkellern mit Buschenschenken hat immer einer geöffnet.

....

● Weinanbau Carnuntum, www.carnuntum.com
● Buschenschank Familie Lager, Kiragstettn 6, 2464 Göttlesbrunn,
Tel. +43 (21 62) 84 52, www.markuslager.at

Ein Buddha bringt Glück

76

Der Friedensstupa am Wagram

Etwas erhöht an der Wagramer Kante streckt sich ein beeindruckendes und für die Region exotisches Bauwerk gen Himmel: der Stupa. Ausschließlich aus Naturmaterialien der Umgebung und mit Spendengeldern erbaut, soll das Denkmal ein Ort des Friedens und der Ruhe sein. In einer Nische der Kuppel sitzt ein 700 Kilo schwerer goldener Buddha und lässt wohlwollend seinen Blick über Felder und Reben schweifen. Nach buddhistischer Vorstellung bringt er allen Glück, die ihn betrachten und die im Uhrzeigersinn eine Runde um die Kuppel gehen. 59 Stufen führen zu ihm hinauf. Bis zur Kuppel ist der Stupa 18,75 Meter hoch. Die Spitze misst allein 32,5 Meter.

Das Innere besteht aus einem einzigen großen (Meditations-)Raum – mit einer Lotusblüte in der Mitte und bullaugenartigen Fenstern, die den Blick auf die Landschaft der Weinregion freigeben. Hierher kommen Menschen unterschiedlicher Konfessionen und Religionen und lassen sich von der einmaligen Atmosphäre einnehmen. Die Stupas gehören zu den ältesten Formen der Architektur und sollen dem Dialog zwischen Religionen und Menschen dienen. Das Friedensdenkmal in Niederösterreich entstand auf Initiative des Stupa-Instituts, das zur österreichischen buddhistischen Religionsgemeinschaft gehört. Projektleiter und Betreuer ist der buddhistische Mönch Sunim, der aus Korea stammt und seit mehreren Jahrzehnten in Europa lebt. Der Stupa wurde im Juni 2023 in Anwesenheit einer Vertreterin des Dalai-Lama eingeweiht und eröffnet. Das Projekt war nicht unumstritten, ist aber immer mehr auch zu einem Magnet geworden. Die Besucher genießen einfach die Stille, sie spazieren herum und schlagen die 140 Kilo schwere Friedensglocke aus Bronze.

Elisabeth Lindmayer, die Leiterin des Stupa-Institutes, ist glücklich über die Resonanz und betont, dass „Missionieren nicht zum buddhistischen Glauben gehört. Jeder ist herzlich willkommen". Eine große Freude bereitet es ihr auch, wenn Kinder sich für Meditationen begeistern und bei Räucherstäbchenduft und Klangschalentönen abschalten.

TIPP

Für Jung und Alt gibt es Kräuterwanderungen rund um den Stupa.

● Friedensstupa, Wallner-Vetter-Gasse, 3484 Grafenwörth, Tel. +43 (6 64) 3 40 10 46
www.stupa.at

Im Goaß-Kino

77

Mandl's Ziegenhof in Lichtenegg

„Bock auf Ziege?" So lautet das Motto der Familie Mandl in Lichtenegg. Mehr als 300 Ziegen tummeln sich auf den Wiesen und im Stall ihres Hofs inmitten der Buckligen Welt. Die Milch wird in der eigenen Käserei zu Biokäse (Ziegenkäse-Bällchen, Ziegenkäse nach Feta-Art, Grillkäse, Frischkäserollen in verschiedenen Kräuter- und Gewürzhüllen) und -joghurt verarbeitet. All das und viele andere Produkte der Genussregion kann man vor Ort im Hofladen erwerben.

Dort findet man auch die Attraktion des Ziegenhofs schlechthin: das Goaß-Kino. Ausladende Panoramafenster laden zum Ziegengucken ein. Man kann den Tieren beim Fressen, Spielen und Schlafen zusehen. Im Rahmen einer vorangemeldeten Führung erzählt Michael Mandl gerne über das Leben und den Alltag auf dem Hof, lustige Anekdoten, wie die Familie von einer Ziege auf so viele kam und wie die leckeren und vielfach prämierten Käseprodukte hergestellt werden. Von Letzteren gibt es auch kleine Kostproben. Wer mag, kann sogar seine Geschicklichkeit beim Melken am Euter einer künstlichen Ziege ausprobieren. Allein die Anfahrt zum Ziegenhof macht schon froh. Die Bucklige Welt: Das sind viele Hügel, verstreute kleine Dörfer, hübsche Ausblicke, Wiesen und Felder, so weit das Auge reicht, Ruhe. Der Hofbetreiber Michael Mandl ist nicht nur Vorreiter in Sachen Bioqualität, sondern auch in größtmöglicher Nachhaltigkeit. Für seine einschlägigen Bemühungen wurde er bereits mit dem österreichischen Klimaschutzpreis ausgezeichnet.

Bei schönem Wetter können die Tiere in einem Gehege beobachtet und – wenn sie wollen – gestreichelt werden. Weil die Mandls wissen, was sich Besucher wünschen, haben sie draußen große Bilderrahmen installiert. Ein grandioser Hintergrund für Fotos vom Ziegenhof und der Buckligen Welt! In Holzboxen finden alle, die keine Führung mitmachen, spannende, kindgerecht gestaltete Infos zu den Ziegen, dem Hof und der Käseproduktion. Wer außerhalb der Öffnungszeiten kommt, kann an einem Automaten rund um die Uhr Produkte vom Ziegenhof erwerben.

....

● Mandl's Ziegenhof, Pengersdorf 7, 2813 Lichtenegg, Tel. +43 (6 76) 9 44 49 63
www.ziegenhof.at

Ein Affe, der philosophiert

78

Kunst im Wasserpark Tulln

Wer Grün, Bäume, Pflanzen und Blumen liebt, der sollte unbedingt nach Tulln kommen, denn kaum eine andere Stadt in Niederösterreich ist so eng mit der Natur verbunden. Die Kommune an der Donau nennt sich zurecht Gartenstadt. Und wo hat man schon die Gelegenheit, einen naturbelassenen Auwald zu genießen, der bis ins Zentrum reicht: den 450.000 Quadratmeter großen Wasserpark. Das barrierefreie Wegenetz in wilder Natur erstreckt sich über 12 Kilometer. Und wenn man gezielt etwas für die Gesundheit tun möchte, begibt man sich auf den Tut gut!-Schritteweg. Er startet bei der Seerosenbrücke an der Donaulände und ist durch Richtungspfeile gekennzeichnet. Die Strecke ist leicht zu bewältigen und nach den rund 3,5 Kilometern hat man seine tägliche Gehbilanz um mehr als 5000 Schritte verbessert. Die verzweigten Gewässergassen mit den revitalisierten Donauarmen kann man per Kanu oder Tretboot erkunden – auf zwei verschiedenen Rundkursen.

TIPP

Auf dem Baumwipfelweg in der Natur der Garten-Erlebniswelt hat man einen grandiosen Rundumblick.

Tulln überrascht und beglückt aber nicht nur Garten- und Natur-, sondern auch Kulturliebhaber. So sind beispielsweise die Schilder im Wasserpark ein Teil des Projekts Kunst im öffentlichen Raum. Sie wurden vom britischen Künstler Nils Norman entwickelt. Sie tarnen sich als Verkehrstafeln an verschiedenen Weggabelungen. Ein Schild zeigt in Richtung Sonne, eines in Richtung Diesel, andere nach Kuwait und Kanada. Thematisiert wird das Dickicht aus Energie produzierenden Ländern, teuren Rohstoffen und Varianten an alternativen Energien.

Und inmitten einer Lichtung in der Au sitzt ein Affe auf einem Stapel Bücher und blickt auf einen Totenkopf. Mit der rechten Hand hält er den Schädel, mit der linken umfasst er sinnierend sein Kinn. Irgendwie erinnert die Skulptur von Klaus Weber an den berühmten Denker des französischen Bildhauers Auguste Rodin. Der philosophierende Affe ist eine Coverversion (Replik) der Skulptur Affe mit Schädel des Berliners Hugo Rheinhold von 1893. Er verweist auf Darwins Theorie, dass der Mensch vom Affen abstammt.

● Wasserpark Tulln, Am Wasserpark, 3430 Tulln, www.tulln.at
● ÖPNV: Bahnhof Tulln Stadt (20 Minuten zu Fuß)

Funkelnde Freude

79 Die Amethyst Welt in Maissau

Der violett schimmernde Amethyst gehört zu den beliebtesten Edelsteinen der Welt. Menschen mit einer spirituellen Ader gilt er gar als König unter den Heilsteinen. Er soll für Klarheit und Gelassenheit sorgen. Bereits 1350 stellte der Naturforscher Konrad von Megenberg fest: „Amethyst vertreibt die bösen Gedanken und bringt gute Vernunft."
In Maissau kann man dem Amethyst auf viele unterschiedliche Arten nahekommen. Am Manhartsberg, an der Grenze zwischen Wein- und Waldviertel, befindet sich das größte Amethyst-Vorkommen Europas. Der sogenannte Gang- oder Bänderamethyst ist ein Naturwunder und die Amethyst Welt ein Glücksort für Mineralogen und Mineralien-Fans. Insgesamt gibt es nur etwa 20 Regionen weltweit, die Bänderamethyste von guter Qualität hervorbringen; das unvergleichliche Violett des Steines findet man in den allerwenigsten Vorkommen so wie hier.

TIPP

Der Shop ist mit 400 Quadratmetern das größte Edelsteinfachgeschäft Österreichs.

Im unterirdischen Stollen kann man in 12 Metern Tiefe die größte freigelegte Amethyst-Ader der Welt auf einer Länge von 40 Metern bestaunen. Daran schließt sich das Edelsteinhaus an. Dort funkelt, glitzert und leuchtet es allerorten, dass es eine wahre Freude ist. Ein Highlight ist der Meteoritenraum mit einem echten Meteoriten aus dem Weltall zum Anfassen.

Doch auch draußen gibt es viel zu erleben. Auf dem Schatzgräberfeld kann man selbst nach Amethyst schürfen. Wer nicht fündig wird, der darf sich seinen Lieblingsstein aus der Schatzkiste mitnehmen. Ein Stück weiter ist das Amethyst-Erlebnis längst noch nicht zu Ende. Der frei zugängliche Park ist für viele Menschen auch aus der Region ein Platz, an dem sie Kraft tanken. Dafür gibt es einen Chakrenweg, der nach geomantischen Richtlinien angelegt ist, und eine extra ausgewiesene Energietankstelle. Der Park besteht aus weiteren Themengärten wie dem Garten Niederösterreich mit dem jeweils typischen Gestein aus den einzelnen Regionen. Und zwischen heimischen Blumen, Büschen und Bäumen gibt es auch einen Traumplatz. (Edel-)Steine dürfen natürlich nicht fehlen.

● Amethyst Welt Maissau, Horner Straße 36, 3712 Maissau, +43 (29 58) 84 84 00
www.amethystwelt.at
● ÖPNV: Haltestelle Maissau Am Berg (1 Kilometer zu Fuß) und Maissau Wiener Straße (1,7 Kilometer zu Fuß)

Eine Legende lebt

80

Das Südbahnhotel Semmering

Lost Places, verlassene Orte mit einer spannenden Historie, liegen im Trend und üben eine besondere Faszination aus. Das Südbahnhotel im Kurort Semmering gilt als österreichische Hotelikone, die aber alles andere als verloren ist. Inzwischen findet hier wieder ein viel beachtetes Kulturprogramm statt; außerdem kann man im Rahmen von Führungen im Originalambiente auf eine einzigartige Zeitreise gehen. Die Planungen für eine Renaissance als Nobelhotel sind im Gange. Derzeit wird das Baudenkmal revitalisiert und soll 2026 wiedereröffnet werden.

Das Juwel war das erste Hotel am Semmering. Es ging 1882 mit 60 Zimmern und diversen Spiel-, Rauch-, Damensalons sowie Badeeinrichtungen und einem eigenen Restaurationsgebäude in Betrieb. Durch den Bau der Semmering-Bahn – sie wurde 1854 als höchste Gebirgsbahn der Welt eröffnet – war der Ort auf 1000 Metern Seehöhe von Wien aus in 2 Stunden zu erreichen.

TIPP

Übernachten und essen kann man beispielsweise im Hotel-Restaurant Belvedere.

Es folgten zahlreiche Erweiterungen und Umbauten, um dem Ansturm und den Anforderungen des zum Teil aristokratischen, gut betuchten und prominenten Publikums gerecht zu werden. Zur Spitzenzeit hatte man die Wahl zwischen 350 Zimmern. Hier stieg man ab, um zu sehen und gesehen zu werden. Auf der Gästeliste standen so bekannte Namen wie Gustav Mahler, Sigmund Freud, Oskar Kokoschka, Karl Kraus, Gerhard Hauptmann, Koloman Moser und Adolf Loos. 1976 schloss das Grandhotel. Wer sich für diesen Ort interessiert, kann zwischen fünf verschiedenen Führungen auswählen. Einmal liegt der Fokus auf der Entstehungsgeschichte, Architektur und den Gästen. Bei einer anderen Tour geht es vor allem um die Prominenz aus Kunst und Kultur, Wissenschaft und Architektur, die diesen Platz geprägt hat. Wo schillernde Persönlichkeiten aufeinandertreffen, blieben Skandale und Affären nicht aus. Im Südbahnhotel wurde nicht nur komponiert, gemalt und geschrieben, sondern es kam auch zu so mancher gefährlichen Liebschaft. Eine kulinarische Führung stellt die Menüfolgen und Getränkevorlieben zur Hochzeit des Hotels vor.

● Südbahnhotel Kultur, Südbahnstraße 27, 2680 Semmering,
Tel. +43 (6 64) 1 26 11 10, www.suedbahnhotel-kultur.at
● ÖPNV: Bahnhof Semmering (20 Minuten zu Fuß)

Bibliografische Informationen der Deutschen Nationalbibliothek
Die Deutsche Nationalbibliothek verzeichnet diese Publikation in der Deutschen Nationalbibliografie;
detaillierte bibliografische Daten sind im Internet über http://dnb.d-nb.de abrufbar.

© 2024 Droste Verlag GmbH, Düsseldorf
Konzeption/Satz: Droste Verlag, Düsseldorf
Einbandgestaltung und Illustrationen: Britta Rungwerth, Düsseldorf, unter Verwendung von Bildern von
© Fotolia.com: jd – photodesign.de; © iStock: Plociennik Robert
Fotos: Christine Hochreiter, außer: Amethyst Welt: S. 165; Apsis-Z: S. 13; Arnulf Rainer Museum/Wolfgang
Thaler: S. 11; Bäckerei Schmidl/Nicole Stessl: S. 9; Eugen Bailoni/1. Wachauer Marillen-Destillerie GmbH: S. 19;
Baumhaus-Lodge Schrems: S. 39; Blochberger Eisproduktion GmbH: S. 83; Josef Bollwein: S. 87; Café Braun/Robert
Alexander Herbst: S. 29; Der Floh/Jürgen Skarwan: S. 103; Donau Niederösterreich Tourismus: S. 43 (Robert Alexan
der Herbst), S. 117 (Margit Neubauer), S. 157 (Sandra Cibulka); Egon Schiele Museum/Daniela Holzer: S. 53; Gre
gor Eichinger, Fotomanufaktur: S. 97; Andreas Elgert: S. 159: Fischauer Thermalbad/Alexander Krejcar: S. 77; fram
sohn frottier GmbH: S. 25; Hadahof/Theo Kust: S. 23; Hick@Pamela Schmatz: S. 135; Hopfenspinnerei: S. 41; Hotel
des Glücks: S. 137; Christian Husar/Wiener Neustadt: S. 31; Institut für Konservierung und Restaurierung der Uni
versität für angewandte Kunst Wien/Christoph Schleßmann: S. 37; Käsemacherwelt: S. 123; Kräuterpfarrer-
Zentrum/Reinhard Podolsky: S. 79; Kunstmuseum Waldviertel: S. 153; LOISIUM: S. 131; MAMUZ: S. 57; Mohndorf
Armschlag: S. 99; Museumsdorf Niedersulz: S. 95; Nationalpark Donau-Auen/Stefan Leitner: S 45; Nationalpark
Donau-Auen-Pavek: S. 149; Mike Neubert: S. 155; NÖ Museum Betriebs GmbH/Theo Kust: S. 67; Nostalgiepostamt
Küb: S. 105; Päuschen/LeBe Photographie: S. 151; Papiermühle Mörzinger/Thomas Kirschner@k-works.at: S. 125;
Peter Podpera: S. 89; Retzer Land/Die Reisereporter: S. 147; Schloss Coburg: S. 121; Schlosshotel Rosenau: S. 129;
Sonnentor: S. 69; Stadtgemeinde Tulln/Robert Alexander Herbst: S. 163; Stift Seitenstetten: S. 81; Straußenhof
Ebner: S. 143; STYX Naturcosmetic: S. 101; Südbahnhotel Semmering/Alexander Dacos: S. 167; Verein Pölla Aktiv:
S. 49; Wachauer Safran/Bernhard Kaar: S. 57; Waldviertel Tourismus: S. 47 (Robert Alexander Herbst), S. 107
(Weinfranz); Wiener Alpen/Zwickl: S. 127; www.fuxsteiner.at: S. 61; www.meisterstrasse.com: S. 119; www.stock.
adobe.com/Ulando Photography: S. 59; Ziegenhof_Mandl © NÖW/Daniel Groller: S. 161
Textlektorat: Mo Kreutzberg, Düsseldorf

MIX
Papier | Fördert
gute Waldnutzung
FSC® C011279

Druck und Bindung: LUC GmbH, Greven
ISBN 978-3-7700-2531-2

www.droste-verlag.de